AF448617

El desafío digital

Diseño de tapa:
JUAN PABLO OLIVIERI

Diseño de imágenes:
VIRGINIA LINGIARDI

María Laura García

El desafío digital

Informarse, pensar y decidir libremente
en la era cibernética

GRANICA

ARGENTINA - ESPAÑA - MÉXICO - CHILE - URUGUAY

ARGENTINA
Ediciones Granica S.A.
Lavalle 1634 3° G / C1048AAN Buenos Aires, Argentina
granica.ar@granicaeditor.com
atencionaempresas@granicaeditor.com
Tel.: +54 (11) 4374-1456 - 🄯 1158549690

MÉXICO
Ediciones Granica México S.A. de C.V.
Calle Industria N° 82 - Colonia Nextengo - Delegación Azcapotzalco
Ciudad de México - C.P. 02070 México
granica.mx@granicaeditor.com
Tel.: +52 (55) 5360-1010 - 🄯 5537315932

URUGUAY
granica.uy@granicaeditor.com
Tel.: +59 (82) 413-6195 - Fax: +59 (82) 413-3042

CHILE
granica.cl@granicaeditor.com
Tel.: +56 2 8107455

ESPAÑA
granica.es@granicaeditor.com
Tel.: +34 (93) 635 4120

www.granicaeditor.com

ISBN 978-987-8935-55-3

García, María Laura
   El desafío digital : informarse, pensar y decidir libremente
en la era cibernética / María Laura García. - 1a. edición especial - Ciudad Autónoma de Buenos Aires : Granica, 2023.
   152 p. ; 22 x 15 cm.

   ISBN 978-987-8935-55-3

   1. Internet. I. Título.
CDD 302.231

*A mis hijos, Carlos, Paula y María Laura, a mi nuera
Martina, a mis yernos Pedro y Franco, a mis nietos,
Felipe, Juana y Luisa, en el orden en que aparecieron
en mi vida, representando en ellos a todos los niños,
y a vos, lector, con el deseo de que siempre seamos
los dueños de nuestro futuro.*

Índice

Agradecimientos

Son muchas las personas que han hecho su aporte para que este libro sea una realidad. Están quienes me acompañaron directamente durante el proceso: Lucía Bosoer, colaboradora indispensable, quien supera y sin dudas seguirá superando expectativas con su enorme talento y conocimiento; Virginia Lingiardi de @dibujo_experiencias, que da forma gráfica a mi pensamiento con su creatividad sin límite tan clara y precisa; y Luz Santomauro, por su mirada lúcida y detallista. Gracias a quienes confiaron, leyeron el libro e hicieron aportes valiosos como Alter Rozental (unaisladeideas), Marina Harvey y Laura La Torre. Gracias a Laura Gaidulewicz por nuestros debates permanentes sobre el tema.

Gracias a mis amigas y amigos quienes me acompañan siempre, no puedo dejar de mencionar a mis incondicionales Susana y Marisa y a mis amigas del colegio, y con ellas a quienes me sostienen y me impulsan a seguir adelante. Y por sobre todo, gracias a mi familia que desde siempre ha lidiado con mi mente inquieta y mis incansables ganas de saber, hacer y colaborar, a mis hijas Paula y María Laura, a mi hijo Carlos, a mis nietas Juana y Luisa y a mi nieto Felipe, a quienes tanto amo y son quienes le dan sentido a querer mejorar la vida.

Prólogo

Cuando me hablan de la "irrupción" de las fake news, siempre hago hincapié en recordar que las noticias falsas o fake news no son una novedad de la sociedad moderna; desde que los seres humanos nos comunicamos de forma social podemos observar la diseminación de mitos y de noticias falsas, con y sin intenciones. Es así que luego de la muerte de Nerón, por casi 100 años muchos (y unos pocos por otros 300 años más) seguían manteniendo que este no había muerto sino fingido su muerte, y que pronto volvería al poder. Claro, esta noticia que luego se convertiría en el mito de *Nero Redivivus* fue aprovechada por múltiples impostores que querían tomar el poder y era considerada una realidad fáctica por muchos a través del imperio. Podemos también remontarnos a un ejemplo de la República: durante el segundo triunvirato romano, Octavio hizo circular el rumor entre el pueblo, a través de heraldos en el foro (el equivalente a nuestros periódicos modernos), de que Marco Antonio (el único que se podría oponer a su consolidación del poder público) se había convertido en una suerte de rey persa o egipcio, siguiendo una vida más propia del este que de un verdadero romano. Esta "fake news", basada en hechos reales tergiversados y combinada con el robo y la publicación del testamento de Marco Antonio, que no hacía más que darle aún más verosimilitud, fue decisiva para que Octavio pudiera declararle la guerra a otro romano y terminar de consolidar su poder.

Es entonces que nos podemos preguntar: si ya hace miles de años que convivimos con las "fake news", ¿por qué preocuparnos ahora por ellas?

María Laura García, en esta obra, nos hace reflexionar sobre esta pregunta y nos recuerda que el problema no recae en la existencia de las fake news, con las que efectivamente convivimos hace miles de años, sino en el impacto que la tecnología ha tenido sobre su diseminación. Es así que no solo existen, sino que estamos bombardeados por noticias falsas que nos pueden sonar aún más verosímiles que las noticias verdaderas, ya que a veces estamos encerrados en una cámara de eco que se realimenta con las noticias que "esperamos" y que, con el advenimiento de los *deepfakes*, en muchos casos puede que un video falso generado por un modelo de deep learning nos engañe y nos convenza de que es verdadero.

Ante este panorama ya no podemos confiar, como lo haría un antiguo romano, en la información del foro público, ni solo en lo que publica aquel autor en el que siempre confiamos (ya sean editoriales escritas como las que hiciera Julio César con *Comentario de las Guerras Galas*, que se convirtiera en la principal fuente de información sobre la cultura y las costumbres celtas; o sea en editoriales de televisión o radio a cargo de nuestros periodistas preferidos), ni en lo que nos cuentan nuestros familiares y amigos que pueden estar más cerca de la "acción", con quienes un romano se comunicaría por vía epistolar y a quienes podemos "escuchar" a través de sus posts y tweets, de sus reels en TikTok o Instagram y de lo que nos comparten, directa o indirectamente.

María Laura García nos recuerda que debemos ir más allá de estos métodos, que tenemos que hacer un trabajo íntimo y preciso para generar nuestro "Menú Informativo" y asegurarnos de que contamos con las fuentes variadas e indispensables para aseverar que estamos juzgando la verosimilitud de la información que nos llega con una mirada realmente crítica.

Cuando María Laura me pidió que tomara las riendas de GlobalNews Group para ayudarla en su visión de poder hacer llegar la información más relevante para cada comunicador de América Latina, sin importar sus sesgos personales, estaba intrigado. Entendía que las fake news son problemáticas, pero no había dimensionado aún el problema que han generado los mecanismos de retroalimentación en nuestra capacidad de encontrar nuevos contenidos y, por ende, en la capacidad de los comunicadores de medir y evaluar objetivamente el valor de su gestión. No sorprende que, como testigo activo del gran cambio del mundo de la información, de las limitaciones y potencialidades, ahora nos acerque esta obra para ayudarnos a todas y todos a desarrollar la cultura del pensamiento crítico noticioso e informativo que necesitamos los ciudadanos digitales del siglo XXI.

Este libro no solo nos ayuda a tomar esos primeros pasos, sino que nos permite entender mejor los sesgos que a veces nos impiden evaluar objetivamente la verdad, y será una gran herramienta para quien quiera ser verdaderamente crítico en su forma de leer, creer, pensar y vivir.

Carlos Alfredo Díaz
CEO de GlobalNews Group

La información como poder

De chica me gustaba más tener más información que al resto de las personas. Siempre buscaba saber más porque entendía que la información me empoderaba, que saber algo que el otro no sabía, aunque fuera un simple detalle, era atractivo, despertaba curiosidad y hasta admiración.

También me gustaba completar historias que carecían de detalles o respecto de las cuales había cierto desconocimiento. Las imaginaba, pero con una lógica increíble, y eso las tornaba verídicas. Para mí era un juego, pero rápidamente entendí que compartirlas podía ser peligroso, porque justamente eran esas partes imaginadas las que pasaban a tomarse como ciertas y se convertían en una nueva versión más completa de la historia. Esto, con sus matices y diferencias, se parecía bastante a aquel concepto que hoy se escucha tanto en el panorama sociopolítico e informativo general: el *relato* –una historia, de carácter oral o escrito, que surge a partir de una serie de acontecimientos que crean, recuerdan o imaginan las personas y se cuentan para sí mismas o para otros–. Obviamente, no era la única niña con imaginación, pero ya en ese momento comencé a tomar cierta conciencia de la diferencia entre **relato** y **verdad**.

Por aquel entonces, escuché una leyenda popular que me dejó fascinada, aunque no había evidencia que la confirmara. Más tarde, según una investigación del periódico inglés *The Independent*, se concluyó que formaba parte de una conspiración de la época. La leyenda mostraba el beneficio que uno podría obtener al conocer cierto tipo de información de forma anticipada o al tener la posibilidad de decidir cuándo hacerla pública. Era, nada más y nada menos, la historia de cómo la familia Rothschild había iniciado su fortuna en épocas de Napoleón Bonaparte.

A comienzos del siglo XIX, los hermanos Nathan y James Rothschild –el primero en Londres y el segundo en París– se dedicaban a las inversiones en los mercados de títulos y habían desarrollado un sistema de comunicación a través de palomas mensajeras que les permitía conocer aquello que podía impactar en los mercados mucho antes que los demás operadores. El 18 de junio de 1815, mientras se libraba la batalla de Waterloo, en Londres se creía que Napoleón resultaría vencedor, y que esto empujaría a Inglaterra a la bancarrota. James, que vivía en Francia, al enterarse de la inesperada derrota francesa en Waterloo, envió inmediatamente la información a Nathan a través de una paloma. Su hermano, que operaba en la Bolsa de Londres, al tomar conocimiento de esta novedad, hizo correr la falsa noticia de que Napoleón había ganado la batalla, mientras que vendía una parte de sus activos financieros ingleses para hacer más creíble su versión frente a sus competidores. El resto de los operadores, conocedores de los canales de información de los que disponía Rothschild, lo imitaron rápidamente, deshaciéndose de sus títulos británicos en forma masiva, llevando a una caída estrepitosa de los precios. Cuando Nathan consideró que el valor de las acciones y de los bonos estaban en un precio suficientemente bajo, empezó a comprarlos discretamente. Dos días más tarde, llegó la noticia de la derrota de Napoleón. Los títulos ingleses subieron instantáneamente de precio permitiendo que los Rothschild amasaran una fortuna.

Hoy vivimos inmersos en un mundo de datos e información. Nada parece ser más relevante ni cobrar mayor valor que aquella información que voluntariamente entregamos en cada movimiento que realizamos, a pesar de la sensación de libertad y autonomía que sentimos mientras lo hacemos. Cada día escuchamos palabras y conceptos nuevos: infodemia, infocracia, infómatas, dataístas, burbujas informativas, desinformación, radicalización del pensamiento, híper-segmentación, stress informativo y detox digital, entre otros. ¿Estamos preparados? ¿Hemos desarrollado las habilidades que requiere este nuevo escenario? En definitiva, ¿contamos con la inteligencia digital e informativa que nos permitiría tener un mayor control sobre nuestras decisiones y acciones?

Cada vez que en mis charlas planteo la pregunta sobre cómo nos informamos hoy y cuál es nuestra principal fuente de información, la respuesta casi siempre tiene que ver con las redes sociales. Ahora bien, así como nuestro cuerpo recibe la energía que consume a través de los alimentos que comemos, nuestro pensamiento también *se nutre* de la información que consume y esa información es la que utiliza para sentir, tomar decisiones y actuar. Nuestras opiniones, nuestros prejuicios y nuestras formas de ver el mundo se generan, en gran medida, en base a dicha información. Siguiendo con la analogía, así como podemos alimentarnos con verduras, frutas y de manera general con una dieta balanceada, nuestro *menú informativo* puede ser más o menos equilibrado, dependiendo de cómo lo conformemos. Podemos pasarnos nuestras vidas comiendo *comida chatarra*, o consumiendo noticias falsas y compartiendo teorías conspirativas en Whats-App y en nuestras redes, o bien podemos agregar alimentos nutritivos y noticias de medios profesionales y con diversidad de opiniones que nos permitan objetar y ampliar la mirada. De allí la importancia de entender cómo nos informamos, cómo dicha información contribuye a formar nuestra matriz de pensamiento, y cómo podemos mejorar nuestro menú informativo para una mayor independencia de pensamiento y mejor toma de decisiones.

En los años 1990 asistía anualmente al COMDEX, un congreso de tecnología que se presentaba en Las Vegas en el cual se anunciaban las novedades tecnológicas que por aquel entonces eran de un gran impacto y nos tenían a todos los participantes fascinados. Cada año, había tres charlas que rápidamente se tornaron para mí indispensables. Los oradores eran Steve Jobs (Apple), Andy Grove (Intel) y Bill Gates (Microsoft). Ya por ese entonces se consideraban como grandes figuras disruptivas y los tres juntos proporcionaban una mirada completa del cambio que estaba comenzando y que, junto con el desarrollo de la infraestructura necesaria, lograría la popularización de Internet. Representaban, con la mirada actual, cada uno respectivamente, lo que hoy podríamos definir como la experiencia del usuario, la capacidad de procesamiento, y las computadoras al alcance de todos. Sin embargo, y yo diría lamentablemente, no se propusieron de manera temprana trabajar alineados, porque eran tiempos en los que lo importante era competir y el concepto de la cooperación no se veía aún como una fortaleza.

En 1994, la presentación de Bill Gates, *Information at your fingertips*[1] (*La información al alcance de tus dedos*), cambió mi rumbo. Mientras lo escuchaba, entendí que la información sería una oportunidad y a la vez un problema. Opor-

---

1   Bill Gates. [Flemming Sveen] (2018). *Information at your fingertips*, en https://www.youtube.com/watch?v=7fJWMsgxzvA

tunidad, porque el entonces nuevo escenario modificaba completamente las barreras que limitaban a los contenidos. Problema, porque esas barreras que entonces desaparecían, traían consigo un volumen de información al alcance de todos que sería imposible de absorber por un individuo, un volumen tan agobiante que llegaría a hacernos sentir que nunca sería posible tener la información necesaria para conocer realmente algo. Fue en aquel momento en el que decidí que quería formar parte de ese mundo nuevo que, casi tres décadas después, mostró ir mucho más allá de lo que estos visionarios predecían.

Desde entonces, he transitado la enorme transformación del mundo de la información. El panorama de la información ha cambiado radicalmente en las últimas décadas. Hoy hablamos de ecosistemas informativos híbridos, en los que la función del periodista tradicional convive con la difusión de noticias en tiempo real por parte de usuarios de las redes sociales. Todos somos, o mejor dicho, nos *sentimos* "periodistas": emitimos opiniones, creamos y editamos contenidos, compartimos información y desinformación por múltiples canales de manera simultánea. Así, desafiamos el rol del periodista tradicional, tan indispensable y fundamental para cualquier sociedad democrática.

Uno de los mayores problemas de este nuevo escenario es que hoy consumimos información sin control de calidad. Esto nos está afectando seriamente: creando confusión, pero también dando lugar a dos fenómenos del pensamiento individual y colectivo que son la **radicalización** y la **polarización**, como profundizaremos en los próximos capítulos.

Pero también, de algún modo, nos vuelve autómatas o *automatons*[2], reduciéndonos a seres que reaccionan en forma automática a los estímulos externos sin que medie aná-

---

2   El *Cambridge Dictionary* define a un *automaton* como una máquina que funciona sin pensar ni sentir, haciendo una y otra vez la misma tarea. Por analogía, se puede aplicar a una persona que actúa así.

lisis o pensamiento previo a cualquier acción. Compartimos contenidos hábilmente, en forma cotidiana, movidos por un impulso automático e irrefrenable por reenviar sin pensar ni considerar la veracidad o intencionalidad del contenido que hacemos propio por un instante. Sin comprender tampoco que, por acción u omisión, somos parte del problema.

Es por eso que resulta fundamental que todos entendamos cuáles son las principales características del nuevo mundo digital e informativo, quiénes son los actores más importantes, cómo influyen sobre nosotros, cuáles son sus oportunidades y sus desafíos, y por sobre todas las cosas, qué podemos hacer para enfrentar, de la mejor manera posible, este nuevo escenario en constante evolución. Este libro se propone realizar un pequeño aporte en cada uno de estos puntos, con el objetivo de compartir con el lector las principales herramientas que le permitirán convertirse en un ciudadano conscientemente informado y tener una mayor autonomía sobre sus elecciones y decisiones.

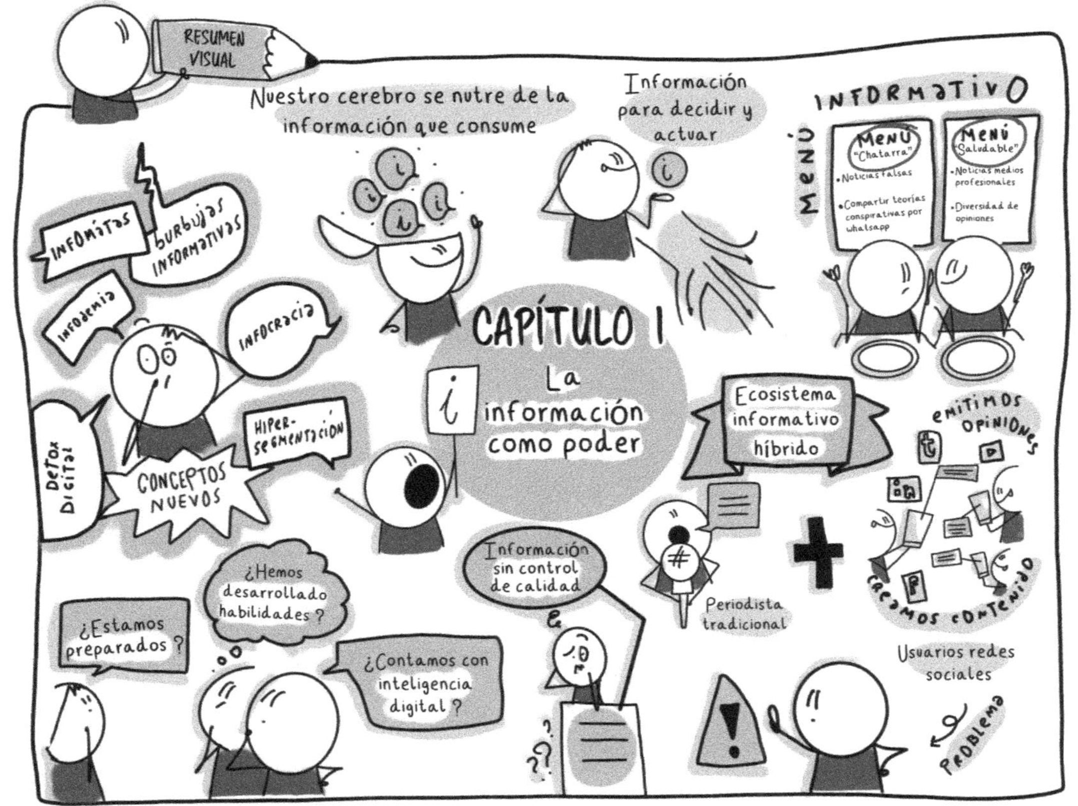
RESUMEN VISUAL
Nuestro cerebro se nutre de la información que consume
Información para decidir y actuar
INFORMATIVO
MENÚ
Menú "Chatarra"
• Noticias falsas
• Compartir teorías conspirativas por whatsapp
Menú "Saludable"
• Noticias medios profesionales
• Diversidad de opiniones
INFÓMITAS
Burbujas INFORMATIVAS
Infodemia
INFOCRACIA
Detox Digital
HIPER-SEGMENTACIÓN
CONCEPTOS NUEVOS
CAPÍTULO 1
La información como poder
Ecosistema informativo híbrido
emitimos OPINIONES
creamos contenido
¿Hemos desarrollado habilidades?
¿Estamos preparados?
Información sin control de calidad
¿Contamos con inteligencia digital?
Periodista tradicional
Usuarios redes sociales
PROBLEMA

El gran cambio de la información

En los últimos veinte años –con la popularización de Internet primero, y luego con la explosión de las redes sociales–, las tecnologías digitales han permeado en todos y cada uno de los ámbitos de nuestras vidas, a nivel privado como social. En el universo de la información, la transformación digital ha atravesado y trastocado a todos los medios de comunicación a través de los cuales solíamos informarnos. Al mismo tiempo, ha dado lugar al surgimiento de plataformas y herramientas digitales que ponen en duda la viabilidad de antiguos modelos de negocios y los reformulan completa e irreversiblemente. Si bien en un primer momento estas plataformas fueron vistas como un modo de democratización de la comunicación y la información –ahora todos tenemos la capacidad de generar contenidos y "noticias", de opinar de una forma u otra, y de hacernos visibles con nuestras ideas–, con el tiempo nos fuimos dando cuenta de que también planteaban importantes dilemas y desafíos para la convivencia democrática. Entre estos, vale la pena destacar la proliferación de las llamadas **fake news** o noticias falsas y de las **deep fakes** o ultra falsas, difíciles de detectar por la mente humana; el perfilamiento de los ciudadanos por parte de las empresas tecnológicas; las **burbujas informativas**; y las llamadas **cajas de resonancia mediática**[3] que, al exponernos a limitados puntos de vista, refuerzan nuestras creencias excluyendo ideas diferentes de las propias, creando así el contexto ideal para la desinformación.

Siempre que hay un cambio importante es porque antes se derribó una barrera que permitió que surgiera algo nuevo. Tal como lo podemos conocer a través de la teoría del cambio que explica cómo se entiende que las actividades produzcan una serie de resultados que contribuyen a lograr los impactos finales previstos. Sin embargo, en ese mismo proceso en el que surgen nuevas posibilidades y capacidades, también se pierden otras cosas. En el universo de la información, la popularización de Internet, a partir de 1995, derribó las barreras que limitaban a los contenidos informativos: el formato y su logística. Esto llevó a la creación de noticias en volúmenes que comenzaron a ser inmanejables para las personas, en cuanto al tiempo requerido para buscarlas y la capacidad necesaria para absorberlas. Desde entonces, la información disponible en medios digitales creció de forma exponencial. Más tarde, en 2004, con la irrupción de la Web 2.0, se derribó una nueva barrera, la de la generación de contenidos. Las redes sociales dieron la posibilidad y pusieron las herramientas al alcance de todos para que pudiéramos

---

3 Cajas de resonancia mediática o cámaras de eco: definición metafórica sobre lo que ocurre con la información, ideas o creencias que son amplificadas por transmisión y repetición en un sistema o grupo de pertenencia o cerrado, donde las visiones diferentes o que compiten entre sí son excluidas, censuradas o están minoritariamente representadas. Ampliaremos este concepto en el capítulo 6.

publicar nuestras propias historias, nuestras opiniones y relatos, convirtiéndonos en actores, en personajes activos. Así, la conversación se multiplicó a través de las redes sociales. Pero, además, las redes sociales, rápidamente se instalaron como el gran escenario donde todos podíamos mostrar, opinar, comunicar y sentirnos héroes, famosos o importantes, aunque sea por un momento. Al mismo tiempo, se establecieron como el mecanismo principal de comunicación con el otro: si no estamos, dejamos de ser parte de algo o quedamos fuera de las historias, nos perdemos algo.

Visto desde los medios, podríamos decir que un gran cambio de la era digital en el mundo de la información ocurre en los inicios de la popularización de Internet, cuando se logra una evolución en la **segmentación de la publicidad**. ¿Cómo se logra esta posibilidad de segmentar la publicidad? Al trasladarse al mundo digital, las noticias se independizan del formato tradicional y toman autonomía propia. Ya no se necesita comprar todo un diario o una revista para leer tan solo una noticia: en el mundo digital puedo acceder a dicha noticia directamente. A partir de allí, los contenidos cobran valor de manera individual y permiten ser direccionados adecuadamente al público objetivo del anunciante en función de intereses; en algunos casos, incluso pudiendo sumar hábitos, datos demográficos y de ubicación. Este había sido desde siempre el sueño de los anunciantes: llegar al público que verdaderamente podría adquirir sus productos o tendría genuino interés en ellos. A esta nueva posibilidad se le sumó la gran diversidad y variedad de espacios en los que ofrecer productos y servicios, incluso en tiempos más breves y elegidos de acuerdo con las características del objetivo deseado y con la posibilidad de conocer cuántas personas han visto la publicidad, por cuánto tiempo y en qué horario.

En la vida analógica, las variables de tiempo, espacio y formato ejercían un frente de enorme rigidez para los contenidos en general y las noticias en particular. Hoy nos resulta lejano y hasta casi imposible pensar que antes de la digitalización los medios impresos extranjeros llegaban a nuestras manos con un retraso de 24, 48 o hasta 72 horas. La publicidad enfrentaba la misma rigidez: se podía elegir el medio por tipo de audiencia objetivo, pero no vincularla con contenidos de esos medios. Es decir, que el anunciante podía elegir la sección dentro del medio, la página e incluso el espacio dentro de la misma para publicar su anuncio, pero desconocía absolutamente el contenido periodístico que se ofrecería junto a su aviso. En cambio, el universo digital, al poder conocer la actividad del usuario, ofrece nuevas y múltiples opciones: segmentar al identificar al público objetivo, mayor velocidad y la posibilidad de contar con un feedback que hasta el momento solo podía conocerse mediante encuestas o reportes de ventas, pero siempre en forma indirecta o imperfecta. Fue así como la segmentación abrió un primer éxodo de la publicidad hacia el mundo digital. Hoy este cambio está ocurriendo con la llamada publicidad OOH (out of home) o sea todo lo que vemos fuera de nuestro hogar. Carteles que hoy pueden ser digitales y encontramos no solo en las calles, sino también en ascensores, farmacias, shoppings o salas de espera y que al contar al menos con una cámara obtienen la capacidad de interactuar con nosotros y detectar dónde ponemos atención y las emociones con las que reaccionamos frente a cada anuncio; de esta forma hay un feedback que nunca había tenido de forma tan directa y que le da un nuevo valor a dicho espacio.

Para que aquel nuevo sistema funcionara adecuadamente, se necesitaba más información, más historias, y que estas se fueran desarrollando y construyendo a lo largo del día. Lo más importante pasó a ser la rapidez, la cantidad y la capacidad de atraer interés. Esto nos fue llevando a cambiar nuestra forma de consumir la información y a una exigencia de instantaneidad que iba en contra del trabajo periodístico profesional. La clave pasaba a estar en el volumen, la velocidad de generación de nuevas historias o de actualización de las ya publicadas. Las historias y los contenidos se convirtieron en el "oxígeno" que daba vida al flujo de la comunicación y creaba valor para lograr monetizar en el mundo digital.

Fue así como la ola digital comenzó afectando de manera particular a los medios tradicionales que, poco a poco, fueron viendo cómo los grandes anunciantes, principal fuente de ingresos hasta entonces, mudaban sus presupuestos hacia plataformas online de publicidad. Conseguir *pageviews*[4] o visitantes online se volvió prioritario, en desmedro de la calidad periodística y de los editores que hasta entonces funcionaban como reales guardianes de la veracidad de la información. Esto, a su vez, condujo a los medios tradicionales a intentar disminuir los costos, así como los tiempos que insume la generación de noticias válidas o realizadas profesionalmente.

El segundo cambio tuvo que ver con el surgimiento de la **micro-targetización**[5]. Al conocimiento sobre la ubicación y los intereses del usuario, que fueron norma en la primera ola digital, se le sumó la posibilidad de obtener más información sobre sus comportamientos y conexiones, particularmente a partir de la llegada de las redes sociales. Esto fue posible gracias a que nosotros, los usuarios, comenzamos a interactuar, generar contenidos y a entregar constante y silenciosamente al sistema información sobre todo lo que hacemos en los espacios digitales, lo que permite conocer nuestros gustos, intereses y preferencias. De este modo,

---

4   *Pageviews*: métrica que indica la cantidad de visitas a una página en el mundo digital.

5   La micro-targetización tiene como objetivo influir en las decisiones de los clientes, consumidores o el público en general. Consiste en la gestión de gran cantidad de datos en los cuales se buscan patrones comunes mediante criterios de selección que consideran inclinaciones, intereses, preocupaciones, situación socioeconómica, nivel educacional, franja etaria, etc., con el objeto de crear segmentaciones del conjunto total.

hoy en día, el sitio o red social que navegamos tiene rápidamente un perfil muy definido sobre nosotros. Gracias a ello, las redes sociales pueden enviarnos información y anuncios exactamente sobre lo que queremos, lo cual nos hace sentir cómodos. Podríamos preguntar: ¿Por qué información y no solo anuncios? La respuesta es que dicha información tanto como sus contenidos son utilizados para que nos sintamos a gusto en el espacio digital en el que nos encontremos y así continuemos allí el mayor tiempo posible. Cuanto más tiempo estoy, más información entrego y más valor puede recibir el sitio. Estos contenidos solo necesitan resultarnos agradables e interesantes, poco importan su génesis, su calidad, ni de dónde provengan.

Las redes sociales, así como permiten darle voz a cada usuario con un potencial ilimitado de alcance que solo depende de su capacidad para generar interés, también funcionan como herramientas de extracción de datos. Estos posibilitan el conocimiento de hábitos de consumo y preferencias de sus propios usuarios, y propician una micro-targetización de la pauta publicitaria, cambiando la relación entre las noticias, los anuncios y los usuarios. Ahora la noticia no tiene el objetivo de informar sino de entretenernos para hacernos sentir a gusto, de darle contenido al espacio digital que quiere que prolonguemos nuestra estadía. En definitiva, el principal objetivo de las plataformas digitales es que permanezcamos la mayor cantidad de tiempo en ellas, porque **el usuario es el producto**, no la noticia o la información, que solo son utilizadas para retenernos. Debemos tener claro que el modelo de negocios de las redes sociales no es vendernos un producto –de hecho, por eso son gratuitas– sino que el producto es la información que les damos sobre nuestro comportamiento, gustos y forma de consumo. Ese es el valor buscado que les permite monetizar lo que nos dieron gratis. El proceso es bastante simple: la información acerca de nosotros que entregamos tan fácilmente a las plataformas digitales se convierte en perfiles que se procesan o se venden a empresas dedicadas a procesarlos, luego de lo cual se ofrecen a los anunciantes. Esta operación se desarrolla en segundos y es así como, rápidamente, mientras navegamos, nos topamos, casi como si fuera casualidad, con una publicidad asociada a aquello que veníamos buscando o mostramos interés de conocer en algún momento.

En el modelo tradicional de los medios, eran ellos los que nos acercaban la información, no eran un simple intermediario, sino que funcionaban como guardianes de la veracidad de las noticias. Basaban su reputación en ser creíbles, y para ello la información debía pasar por determinados procedimientos que hacen a la actividad periodística: chequear la fuente, ir al lugar de los hechos, de ser posible presenciarlos, cruzar información de archivos para poder evaluar si es cierto lo que se manifiesta, hacer preguntas incómodas, entre otros. El filósofo español Daniel Innerarity habla del concepto de **desintermediación** para referirse a la pérdida de relevancia de las instituciones mediadoras tradicionales: partidos políticos, iglesias, sindicatos, etc. Estas instituciones, en cierto modo, cumplían la función de regular el conocimiento. Según él, hoy en día vivimos en un entorno informativo y cognitivo desorganizado, casi caótico:

> Nos estamos dando cuenta, como en un efecto de rebote, de cómo esa experiencia de desintermediación, que tiene sin duda un primer efecto emancipador, al mismo tiempo puede provocar una sobrecarga en los sujetos.[6]

Hoy en día, el público general cuenta, en forma simple y gratuita, con las herramientas para crear y publicar sus pro-

---

6   Bravo Regidor, C. (2022). *Una entrevista con Daniel Innerarity: lidiar con el desconocimiento* en Gatopardo: https://gatopardo.com/noticias-actuales/daniel-innerarity-entrevista/

pios contenidos, en una suerte de democratización que hace que todos podamos compartir información. El problema reside en este modo de "informarnos", porque dejamos de dejamos de preguntarnos quién lo dice, qué dice realmente, si se está comentando un hecho, se está emitiendo una opinión, o simplemente contando algo que se cree o que alguien mencionó.

Según el *Informe de Noticias Digitales 2022* del Instituto Reuters, el uso de las redes sociales como fuente de noticias ha aumentado de manera sustancial en los últimos siete años. Las redes sociales han ido sustituyendo a los medios tradicionales como principal fuente de noticias, en particular entre el público más joven. Hoy en día, el 39% de los nativos sociales (categoría que se usa para referirse a los jóvenes de entre 18 y 24 años que crecieron en un contexto mediado por redes sociales) utilizan a las redes sociales –Instagram, YouTube y TikTok– como principal fuente de noticias[7]. Si nos informamos a través de las plataformas de redes sociales, más allá de que los contenidos sean de medios, debemos entender qué proceso hay detrás de aquello que llega a nosotros y por qué debemos repensar esta forma de consumo de información de medios como la principal o la única.

En esta nueva economía de la atención, las tradicionales marcas periodísticas enfrentan varios desafíos. Entre ellos, cabe mencionar la pérdida de la credibilidad, el exceso de información, la implementación de la **Inteligencia Artificial** para captar, procesar, generar y distribuir información y, como mencionamos previamente, la crisis de sus tradicionales fuentes de financiamiento: los anunciantes y las suscripciones.

Ante este escenario, los ciudadanos nos sentimos con-

---

7   Eddie, K., Newman, N., Fletcher, R., Robertson, C. T., Nielsen, R. K. (2022). *Digital News Report 2022*. Oxford: Reuters Institute for the Study of Journalism. https://reutersinstitute.politics.ox.ac.uk/digital-news-report/2022

fundidos y dudamos al momento de adoptar una postura frente al avance de las tecnologías digitales en todos los ámbitos de nuestras vidas. Más allá de las preguntas, de carácter más bien filosófico, sobre las bondades y peligros de la digitalización, esta ambivalencia se traslada a nuestro día a día. ¿Será cierta la historia que compartió mi compañero de trabajo en sus historias de Instagram? ¿Debería hacer uso o no de esta nueva app que me provee una buena solución para mi negocio, pero al mismo tiempo me pide datos personales que no sé bien para qué los quiere? ¿Es correcto que un famoso deportista o una popular actriz recomienden una dieta o un producto que es ajeno a aquello que les dio fama? ¿Son los influencers gurúes que pueden opinar y recomendar cualquier cosa? ¿Lo hacen genuinamente por preferencias o por mera transacción comercial?

Como consumidores, nos encontramos con que se ha cambiado nuestro rol sin advertirlo y, mientras se configura un nuevo escenario informativo, estamos perdidos en un mar de información que nos hace sentir falsamente híperinformados y, hasta muchas veces, agobiados por su exceso. Aunque posiblemente nunca hayamos estado peor informados que ahora.

Como se pregunta Alessandro Baricco en su ensayo *The Game*[8]:

Cuando se habla de revolución digital, se habla de una revolución tecnológica, la invención de algo que crea nuevas herramientas y una vida diferente. Pero las revoluciones tecnológicas, por muy fantásticas que puedan ser, no suelen producir de forma directa una revolución mental, es decir, una transformación igualmente visible en la forma de pensar de los individuos. ¿Estamos seguros de que no es una revolución tecnológica que ciegamente, dicta una metamorfosis antropológica sin control? He-

---

8   Baricco, A. (2018). *The Game*. Barcelona: Anagrama. Pág. 31.

mos elegido los instrumentos y nos gustan: pero ¿alguien se ha preocupado por calcular, de manera preventiva, las consecuencias que su uso tendrá en nuestro modo de estar en el mundo, quizá en nuestra inteligencia, en casos extremos en nuestra idea del bien y del mal?

Es cierto que no todo puede estar en nuestras manos, pero hay algo que sí podemos controlar y es cómo queremos estar informados y consumir información en este mundo. Es tiempo de comenzar a hacerlo tomando conciencia y adquiriendo las habilidades y conocimientos necesarios para informarnos sin que en el camino terminemos siendo nosotros los consumidos.

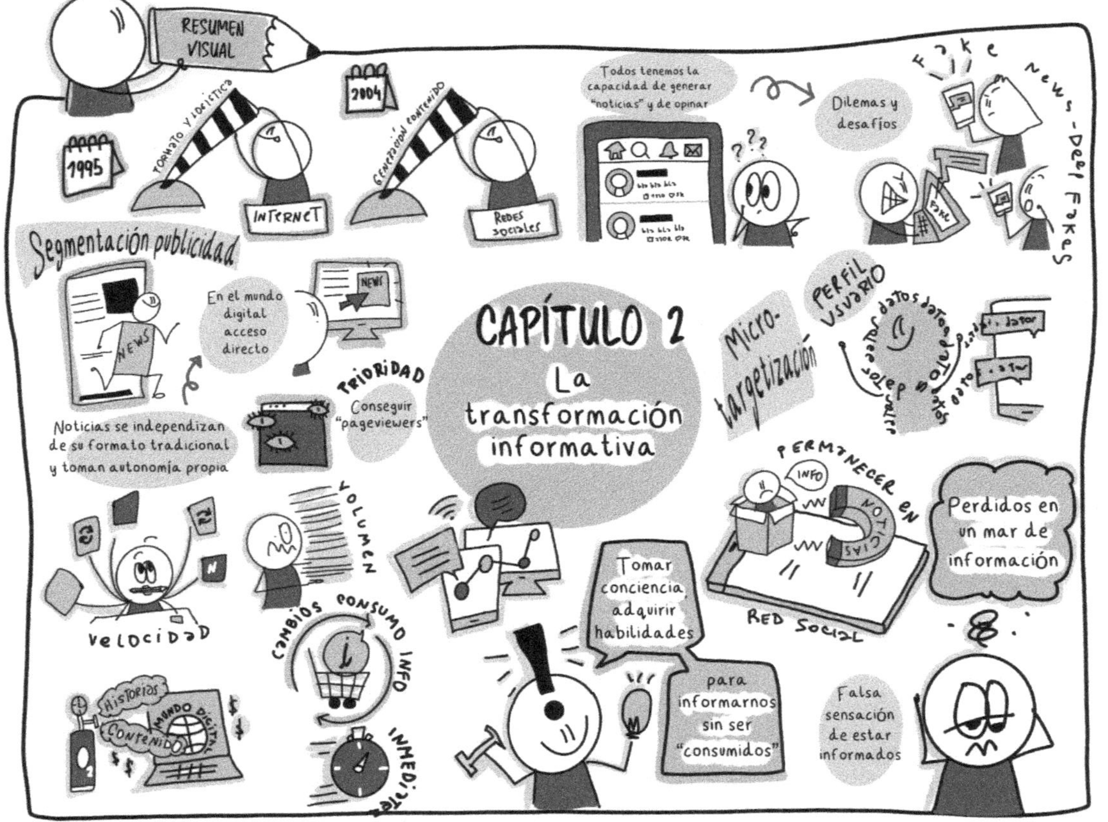
RESUMEN VISUAL
1995
formato y logística
INTERNET
2004
Generación contenido
Redes sociales
Todos tenemos la capacidad de generar "noticias" y de opinar
Dilemas y desafíos
Fake news - Deep Fakes
Segmentación publicidad
En el mundo digital acceso directo
NEWS
CAPÍTULO 2
La transformación informativa
Micro-targetización
PERFIL USUARIO
datos
PRIORIDAD
Conseguir "pageviewers"
Noticias se independizan de su formato tradicional y toman autonomía propia
VOLUMEN
PERMANECER EN NOTICIAS
INFO
Perdidos en un mar de información
Tomar conciencia adquirir habilidades
RED SOCIAL
VELOCIDAD
CAMBIOS
CONSUMO INFO
INMEDIATEZ
para informarnos sin ser "consumidos"
Falsa sensación de estar informados
Historias
MUNDO DIGITAL
CONTENIDO

Viejos y nuevos desafíos: infodemia, desinformación y post verdad

Vivimos en tiempos en los que nos enfrentamos a múltiples crisis (económicas, políticas, sanitarias y climáticas, entre otras) de manera simultánea. Las crisis suelen ser etapas de profunda incertidumbre social, lo cual supone un caldo de cultivo perfecto para la propagación de noticias falsas y teorías conspirativas. Estas no solo ofrecen respuestas fáciles allí donde no las hay, sino que se asumen también como un recurso de identidad y de pertenencia. Permiten la integración en **tribus digitales**[9].

La pandemia del Covid-19 puso en jaque muchas de las cosas que dábamos por descontadas en nuestras vidas. De la mano de la expansión de aquel virus, también fuimos

---

9   Las tribus digitales son grupos de personas que comparten una idea, se reúnen y tienen un líder. En el entorno digital es sumamente fácil formar una tribu digital; de hecho, solemos pertenecer a alguna sin ser conscientes de ello.

testigos de otra pandemia paralela que mostró ser casi igual de peligrosa: la de la desinformación.

La Organización Mundial de la Salud (OMS) definió a esta otra pandemia como una **infodemia**, en parte en referencia a la confusión que nos genera la gran cantidad de contenidos, datos y opiniones a los que estamos expuestos, y que nos afecta en muchos casos con efectos altamente destructivos. Pero también, en referencia a la manipulación implícita en la información supuestamente científica, que obstaculizó las políticas sanitarias, difundiendo el pánico de forma innecesaria en lugar de concientizar a la población.

Si bien las noticias falsas han existido desde tiempos inmemorables, las nuevas tecnologías digitales han permitido que se propaguen de manera exponencial y a través de nuevos formatos. La transformación que ha atravesado al panorama informativo hoy permite que convivan lado a lado contenidos científicos, coberturas periodísticas, noticias falsas, manipuladas (incluyendo las más sofisticadas *deep fake* o ultra falsas, cuya particularidad exploraremos más adelante), contenidos patrocinados y propaganda, todos estos mimetizados en un único concepto de información.

El exceso de contenidos, las nuevas formas de estar o creerse informado, la pérdida de la credibilidad junto con la aceptación acrítica de lo que se lee, han puesto en segundo plano la validación de la información como una necesidad. Hoy en día, una noticia falsa tiene un mayor potencial de impacto en la sociedad que una noticia fundamentada o un buen argumento, y así se propaga a una velocidad que hubiera sido inimaginable hace poco tiempo, algo que intenta fundamentar Richard Dawkins[10] con la memética como una aproximación a los modelos evolutivos de transferencia de información cultural. Incluso, suele ocurrir que una noticia falsa sea luego desmentida, y que, aun sabiéndolo, nos

---

10 Richard Dawkins (1976) *El gen egoísta,* Oxford University Press.

quedemos con el recuerdo de la noticia falsa, y no con el de la veraz. Es decir, que las noticias falsas pueden tener un impacto mucho mayor en nuestras mentes.

En tiempos de crisis, la propagación masiva de noticias falsas encuentra el entorno ideal para despertar aún más nuestra emoción y nuestra impulsividad, que termina imponiéndose por sobre el pensamiento crítico. Los seres humanos estamos diseñados para evitar situaciones potencialmente dolorosas o incómodas. Esto significa que

> nuestro cerebro debido a su evolución biológica no busca necesariamente la verdad, sino su bienestar, es decir, el placer, la ausencia del dolor.[11]

En definitiva, aquello que le haga sentir seguridad.

La Red de Periodismo Ético (EJN)[12], a través de su presidente Aidan White, ha publicado esta definición de la información falsa o manipulada:

> Toda aquella información fabricada y publicada deliberadamente para engañar e inducir a terceros a creer falsedades o poner en duda hechos verificables.[13]

Esta definición debería permitirnos diferenciar más fácilmente al periodismo de la propaganda, de los hechos alternativos[14] y de las mentiras malintencionadas.

---

11 Schaarschmidt, T. (2017). "La era de la posverdad", en *Mente y cerebro*, (87), 22-28.

12 La Red de Periodismo Ético (Ethical Journalism Network) es una organización internacional creada en 2011 para fortalecer el oficio del periodismo y promover para el beneficio público altos estándares éticos en el periodismo.

13 White, A. (2017). *Fake News: It's Not Bad Journalism, it's the Business of Digital Communications en Ethical Journalism Network* en https://ethicaljournalism-network.org/fake-news-bad-journalism-digital-age

14 Un hecho alternativo es una falsedad demostrable que igualmente se da a conocer como verdadera. Así fue definido por Kellyanne Conway, la consejera del expresidente estadounidense Donald Trump, frente a una declaración falsa demostrable del secretario de Prensa de la Casa Blanca. Los hechos alternativos no son hechos, son falsedades.

Hasta hoy, las noticias falsas según la escuela de Periodismo de la Universidad de Columbia, se han clasificado en siete tipos de formas de desinformación: contexto falso, contenido manipulado, contenido engañoso, contenido impostor, contenido fabricado, conexión falsa, parodia o sátira. Es importante poder diferenciarlas para reconocerlas mejor y entender la intencionalidad en cada caso.

- **Contexto falso:** se da cuando el contenido genuino se difunde junto con información de contexto falsa. En mayo de 2022, se hizo viral en la red social TikTok un video de un enfrentamiento bélico que supuestamente correspondía a la guerra desatada a raíz de la invasión de Rusia a Ucrania en febrero del mismo año. Sin embargo, la información estaba fuera de contexto, ya que, si bien el video era real, había sido publicado por primera vez en 2020 y correspondía al conflicto que enfrenta a ambas naciones por el territorio de Crimea.
- **Contenido manipulado:** tiene lugar cuando información o imágenes genuinas se manipulan o adulteran para engañar. En 2019, se viralizó en Facebook un video en el que la presidenta de la Cámara de Representantes de EE.UU., Nancy Pelosi, daba un discurso en el que, por la lentitud con la que hablaba, parecía estar borracha o drogada. Luego se comprobó que el video del discurso había sido ralentizado para que tuviera ese efecto. Fue la misma técnica que se utilizó en Argentina, ese mismo año, para manipular un video de la entonces ministra de seguridad Patricia Bullrich.
- **Contenido engañoso:** se trata del uso engañoso de información para incriminar a alguien o algo. En 2020, cuando apenas comenzaban a aplicarse las vacunas contra el Covid-19, diversos medios publicaron artículos en cuyos títulos afirmaban que varias personas habían muerto luego de aplicarse la vacu-

na de Pfizer. Los artículos eran engañosos, ya que el título daba a entender que la causa de muerte de dichas personas había sido la aplicación de la vacuna, pero si uno leía la nota completa, podía comprobar que en realidad la causa había sido otra.

- **Contenido impostor:** se genera cuando se suplantan fuentes, imágenes o fechas genuinas para modificar el sentido de la información. Un caso recordado de 2017 –confirmado por el equipo *Reality Check* de la *BBC* (creado para reportar y develar historias y noticias falsas)– es el de una serie de imágenes impostoras que podrían incluso haber agravado la crisis de los rohingya en Myanmar. Se trata de fotos y videos de conflictos que ocurrieron décadas atrás y en otras regiones, como la guerra de Ruanda, pero que se usaron como propaganda para acusar de violentos a los rohingya, minoría musulmana apátrida en Myanmar. El primer ministro turco, Mehmet Simsek, fue una de las personas que tuiteó esas imágenes. Si bien luego se disculpó, el *post* original ya había sido compartido más de 1.600 veces. Las campañas de desinformación en las redes sociales, que además apelan a la emocionalidad, pueden endurecer posturas y actitudes, y con ello empeorar un conflicto.

- **Contenido fabricado:** se trata de contenido nuevo que es predominantemente falso, diseñado para engañar y perjudicar. La teoría de que el expresidente de EE.UU., Barack Obama, nació en Kenia –lo cual le habría imposibilitado ejercer la presidencia–, cuando su certificado de nacimiento muestra que nació en Hawái, es un ejemplo de contenido fabricado.

- **Conexión falsa:** tiene lugar cuando los titulares, leyendas o imágenes no confirman el contenido. En 2013, el periódico español *El País* protagonizó un escándalo internacional al publicar en su portada una foto que supuestamente mostraba al entonces presidente de Venezuela, Hugo Chávez, hospitalizado, con el título "El secreto de la enfermedad de Chávez". Sin embargo, poco tiempo después, se comprobó que la foto no correspondía a Chávez, por lo que el periódico tuvo que retirarla de su edición web, paralizar la distribución de la edición impresa, y emitir un comunicado confirmando la falsedad de la información.

- **Parodia o sátira:** no pretende causar daño, pero posiblemente engañe. La sátira y la parodia tienen un límite poco claro con las noticias falsas. El desafío que traen en el mundo digital es que, en medio de tanto exceso de información y confusión, la sátira se puede usar estratégicamente para eludir controles de contenidos y difundir rumores, falsedades y conspiraciones, sabiendo que se cuenta con la excusa de que es una sátira y de que nunca hubo otra pretensión con dicho contenido. Los memes, viñetas con imagen y texto, generalmente de contenido humorístico, son una forma de sátira y crítica del mundo digital. En todo caso la imagen, si ha impactado, será recordada y posiblemente se confunda si era real o no.

La preocupación por el aumento y la velocidad de propagación de las noticias falsas llevó a la creación de infinidad de entidades y organizaciones sin fines de lucro que se dedican a chequear la veracidad de aquellos contenidos sospechosos que se hacen virales y también al estudio de la dinámica a la que apelan para su propagación. Según Claire Wardle de First Draft[15], organización que investiga sobre las noticias falsas,

---

15 First Draft es una red internacional de socios de redacciones, universidades, plataformas y organizaciones de la sociedad civil fundada en 2015. Desde 2022, continúa su misión dentro de *Information Futures Lab*, una iniciativa de la Escuela de Salud Pública de la Universidad de Brown.

el problema no reside en las noticias falsas sino en el ecosistema completo de la información. El término no llega a describir la complejidad de los diferentes tipos de información errónea (difusión involuntaria de información falsa) y la desinformación (creación y difusión deliberada de información que se sabe es falsa). En el ecosistema informativo, no toda la información falsa es creada con la misma intención, hay consideraciones importantes que diferencian las motivaciones de quienes las crean y se pueden describir. La desinformación es contenido intencionalmente falso y diseñado para causar daño. Está motivado por tres factores: ganar dinero; tener influencia política, ya sea extranjera o nacional; o causar problemas por el simple hecho de hacerlo. Cuando se comparte desinformación, a menudo se convierte en información errónea. La información errónea también describe contenido falso, pero la persona que comparte no se da cuenta de que es falso o engañoso. A menudo, una pieza de desinformación es detectada por alguien que no se da cuenta de que es falsa y esa persona la comparte en sus redes, creyendo que está ayudando. El intercambio de información errónea es impulsado por factores socio-psicológicos. En línea, las personas interpretan sus identidades. Quieren sentirse conectados con su "tribu", ya sea miembros del mismo partido político, padres que no vacunan a sus hijos, activistas preocupados por el cambio climático o aquellos que pertenecen a una determinada religión, raza o grupo étnico. La tercera categoría que utilizamos es la desinformación. El término describe información genuina que se comparte con la intención de causar daño. Un ejemplo de esto es cuando agentes rusos piratearon correos electrónicos del Comité Nacional Demócrata y la campaña de Hillary Clinton y filtraron ciertos detalles al público para dañar la reputación.[16]

---

16 Wardle, C. (2020). Understanding Information disorder. *First Draft* en https://firstdraftnews.org/long-form-article/understanding-information-disorder/

En el siguiente gráfico podemos ver las siete categorías de noticias falsas y sus posibles causas según *First Draft*.

Deep fakes o ultra falsas

A las tan mentadas noticias falsas se suman las denominadas ultra falsas, más conocidas como *deep fakes*. Son llamadas así porque tienen su raíz en una subcategoría de la Inteligencia Artificial (IA) llamada **aprendizaje profundo** o **deep learning**, en la que los sistemas y sus algoritmos se diseñan para crear imágenes de personas reales o ficticias tras procesar una base de datos de imágenes, audio o videos. Un ejemplo típico de ultra falsas es un video en el que el editor o la editora crea algo completamente inventado pero que parece verosímil. Sí, resulta escalofriante pensarlo. Por eso se denominan ultra falsas, porque para la mente humana resultan difíciles de reconocer, ya que perceptivamente son casi perfectas y, en muchos casos, se requiere una tecnología para poder detectarlas. Existen diferentes aplicaciones para crear este tipo de contenido fácilmente y que se siguen perfeccionando cada día, lo cual plantea una amenaza enorme en términos de desinformación.

Las *deep fakes* surgieron en 2017 dejando huella de alto impacto. Los primeros casos más recordados de utilización inadecuada o malintencionada se remiten a un usuario desconocido que se identificó con el nombre de Redditor y que publicó en la web videos en los que se podían ver a actrices internacionales como Scarlett Johansson y Gal Gadot en diversas situaciones sexuales que resultaban completamente creíbles. Sin embargo, eran todas falsas. Redditor resultó ser un habilidoso programador que empleó programas de IA para poder intercambiar el rostro de las actrices de Hollywood con el de una actriz porno. En aquel momento, no tenían la calidad o precisión que ofrecen en la actualidad. Pero, por ser aquella la primera vez que se aplicaba la técnica y gracias al desconocimiento que teníamos sobre esta posibilidad, muchos no dudaron en considerar dichos videos como reales.

El segundo gran caso con repercusión internacional llegó en 2018, cuando el actor y director Jordan Peele creó un *deep fake* que retrataba al expresidente estadounidense Barack Obama definiendo al, por ese entonces presidente Donald Trump, como un "idiota". Como podemos imaginar, inmediatamente se hizo viral. Peele argumentó que su intención era lograr conciencia sobre el tema. *"Vivimos en un mundo en el que cualquiera puede hacer decir lo que quiera a quien sea"*, sostuvo por aquel entonces. Sin duda lo logró, porque el caso permitió un mayor conocimiento sobre las *deep fakes* y la amenaza que estas suponían para el ecosistema informativo y las sociedades en general.

Finalmente, el peligro que suponen las ultra falsas quedó en clara evidencia en el contexto de la invasión rusa a Ucrania, cuando circuló en redes sociales un video falso del presidente ucraniano Volodymyr Zelensky en el cual pedía la rendición de sus tropas. Se trató del primer caso de una **ultra falsa utilizada como arma de guerra**.

Un mundo de memes

Cada día más, nuestras conversaciones de WhatsApp o nuestras redes sociales se ven invadidas por los famosos *memes*: imágenes, textos o contenidos multimedia cortos que se utilizan para expresar una idea o una emoción, por lo general de forma cómica o irónica, siempre de modo rápido y sencillo. El razonamiento es simple: en un mundo donde la imagen es un lenguaje poderoso, ¿para qué dedicar un minuto de nuestro tiempo a escribir algo si podemos transmitir lo mismo en un segundo a través de un meme?

Aunque el meme pueda parecer insignificante y simple dentro del enorme universo de la comunicación y las ideas, su poder está en que logra atraernos y nos lleva a diseminarlo o viralizarlo. El meme es creado para perpetuarse, sobrevivir comunicando algo con el mayor alcance potencial. Su principal objetivo es facilitar la comunicación entre quienes lo propagan a partir de la síntesis de una idea, o bien generar un proceso de pertenencia en un grupo de identidad o tribu digital, por lo cual eventualmente otros no entenderán el sentido o significado real del mismo.

Como sostiene el filósofo y ensayista surcoreano Byung-Chul Han[17], este fenómeno cultural muestra que la comunicación digital favorece a lo visual por sobre lo textual. Más allá de haberse convertido en una nueva expresión cultural de nuestra época, el avance de la comunicación *visual* y *viral* plantea importantes desafíos. Políticos y líderes populistas han utilizado los memes como medio de llegada al

---

17 Byung-Chul Han es un filósofo y ensayista surcoreano experto en estudios culturales y profesor de la Universidad de las Artes de Berlín, considerado uno de los más influyentes del siglo 21.

público masivo. Sin embargo, detrás de este uso y abuso de los memes, se puede esconder una incapacidad más básica de argumentar y justificar medidas y políticas, algo tan básico y fundamental para nuestras democracias.

Post Verdad

El término post verdad o posverdad es un *"neologismo que se refiere a la distorsión deliberada de una realidad, manipulando creencias y emociones con el objetivo de influir en la opinión pública y en las actitudes sociales"*, según lo define la Real Academia Española de la Lengua (RAE). Estamos frente a la posverdad cuando los hechos objetivos o reales tienen menos importancia, credibilidad o influencia que las creencias y sentimientos populares de los individuos al momento de definir una opinión pública o determinar una postura social. En 2016, el diccionario Oxford eligió como palabra del año a la *post truth*. Sin embargo, se trata de un fenómeno que no es del todo nuevo.

Hacia principios de los años 1970, la filósofa, escritora y teórica política Hannah Arendt se ocupó, entre otros casos, de los famosos Papeles del Pentágono[18]. Arendt

---

18 Pentagon Papers o Papeles del Pentágono: así se denominó a los documentos secretos sobre la participación militar de EE.UU. en Vietnam entre 1945 y 1967 publicados en el *New York Times* y el *Washington Post*. Estos causaron una reacción masiva en contra del entonces presidente Richard Nixon y por ese motivo los periódicos fueron demandados para que no siguieran publicando los documentos. Sin embargo, la Corte Suprema de Justicia falló a favor del derecho de los dos periódicos a continuar haciéndolo. En su versión más moderna, podemos ver un paralelismo con el caso de WikiLeaks, la organización mediática internacional sin ánimo de lucro fundada en 2006 por Julián Assange, quien hoy permanece en una prisión británica con un pedido de extradición por parte de EE.UU. Desde su fundación, WikiLeaks publica en su página web documentos e imágenes filtrados por fuentes anónimas que se consideran contenido sensible en materia de interés público. Uno de los casos más famosos se dio en 2010, cuando se filtraron más de 700.000 documentos diplomáticos de EE.UU. y cables de sus embajadas en distintos países, en lo que pasó a conocerse como "Cablegate".

analizaba las relaciones intrínsecas entre la política y la mentira, vislumbrando por aquel entonces cambios en dicha relación. Según ella, las mentiras de su época ya no eran sobre cuestiones secretas sino sobre cuestiones por todos conocidas, pero que la política prefería ocultar, y para ello utilizaba estrategias propias de la publicidad o el marketing. Arendt alertaba sobre el menosprecio hacia la verdad que dejaba a la sociedad sin la brújula requerida para poder avanzar con una orientación mínima. El fenómeno del menosprecio estaba afectando a lo que ella denominaba **repositorios de la verdad**: el sistema judicial, la universidad y el sistema educativo en general; la ciencia que había sido posible gracias a un ansia de objetividad y, finalmente, el periodismo. Sin estos repositorios que –en teoría– buscan la verdad, las sociedades enfrentan una auténtica amenaza.

Son varios los fenómenos que acompañan a la posverdad: mentira, ignorancia, desinformación, habladurías, noticias falsas, populismo, redes sociales, propaganda, negación. Todos fenómenos de una misma naturaleza que favorecen el engaño en masa. Pero lo que mejor caracteriza a la posverdad es **el desprecio por la verdad**, que es distinto a la mentira. La mentira y el desprecio a la verdad son diferentes formas de engaño. El mentiroso conoce cuál es la verdad, pero la oculta intencionadamente. Sin embargo, la posverdad ignora la verdad, se desentiende: la verdad es obviada. En la posverdad se ha evolucionado en el engaño. Se menosprecia la verdad, así como los conceptos y las prácticas que están vinculados a ella: objetividad, consistencia, imparcialidad, precisión, contraste de las propias creencias, respeto a las evidencias, reconocimiento de la posibilidad del error, entre otras. El avance de la posverdad ha encontrado el medio ideal para desarrollarse en la diversificación y aparición de nuevos medios, las redes sociales y las nuevas tecnologías.

Así es como hoy podríamos decir que vivimos en la era de la posverdad, donde el relato está por encima de los hechos, consecuencia de la banalización del contenido, la pérdida del valor profesional del periodismo, la creencia de que cada contenido debe ser considerado como verdadero, la mimetización de la información con el entretenimiento, y la creciente tendencia a dar importancia o veracidad por volumen (*"si hay muchos que hablan de lo mismo debe ser cierto"*). Todo esto nos lleva a enfrentarnos a la imposibilidad de sentirnos plenamente informados, el exceso de información al que podemos acceder nos estresa y preferimos el contenido superficial porque además entra en escena otra característica de nuestro comportamiento actual, que es que tenemos poca paciencia para el contenido verdadero, de análisis más elaborado. El problema aquí reside en que el buen periodismo lleva tiempo.

Como sostiene Guadalupe Nogués en *Pensar con Otros*[19]:

La información no quiere decir verdad: hay información de buena calidad y de mala calidad, hay información verdadera, probable, dudosa y falsa, es una escalerita más que nos acerca más y más a la posverdad si no tenemos cuidado.

Durante la charla inaugural TED 2018 en Vancouver, Canadá, Olga Yurkova, periodista ucraniana co-fundadora de StopFake.org, una organización independiente que lucha contra las noticias falsas, afirmaba:

Si una historia es demasiado emocional o dramática, es probable que no sea real. La verdad suele ser aburrida.[20]

---

19 Nogués, G. (2018). *Pensar con Otros: Una guía de supervivencia en tiempos de posverdad.* Buenos Aires: El Gato y la Caja. Pág. 30.

20 Yurkova, Olga. La lucha subyacente contra el imperio ruso de noticias falsas [Video]. Conferencias TED en https://www.ted.com/talks/olga_yurkova_inside_the_fight_against_russia_s_fake_news_empire?language=es

Los seres humanos, de una u otra forma, buscamos conocer la verdad, o acercarnos lo más posible a ella. Al mismo tiempo que sostenemos que no hay verdades absolutas, nos movemos en la vida cotidiana con una idea de verdad funcional. Según Han,

> En el orden digital, la verdad deja paso a la fugacidad de la información. Hoy vamos a tener que conformarnos con la información. Es evidente que la época de la verdad ha terminado. El régimen de la información está desplazando al régimen de la verdad.[21]

Sin duda, deberemos encontrar nuevos caminos para alcanzar y conocer la verdad, y adiestrar a nuestro pensamiento para que no se deje distraer y confundir en medio de tanto ruido.

---

21 Han, B.-C. (2022). *Infocracia: La digitalización y la crisis de la democracia*. Barcelona: Taurus. Pág. 91.

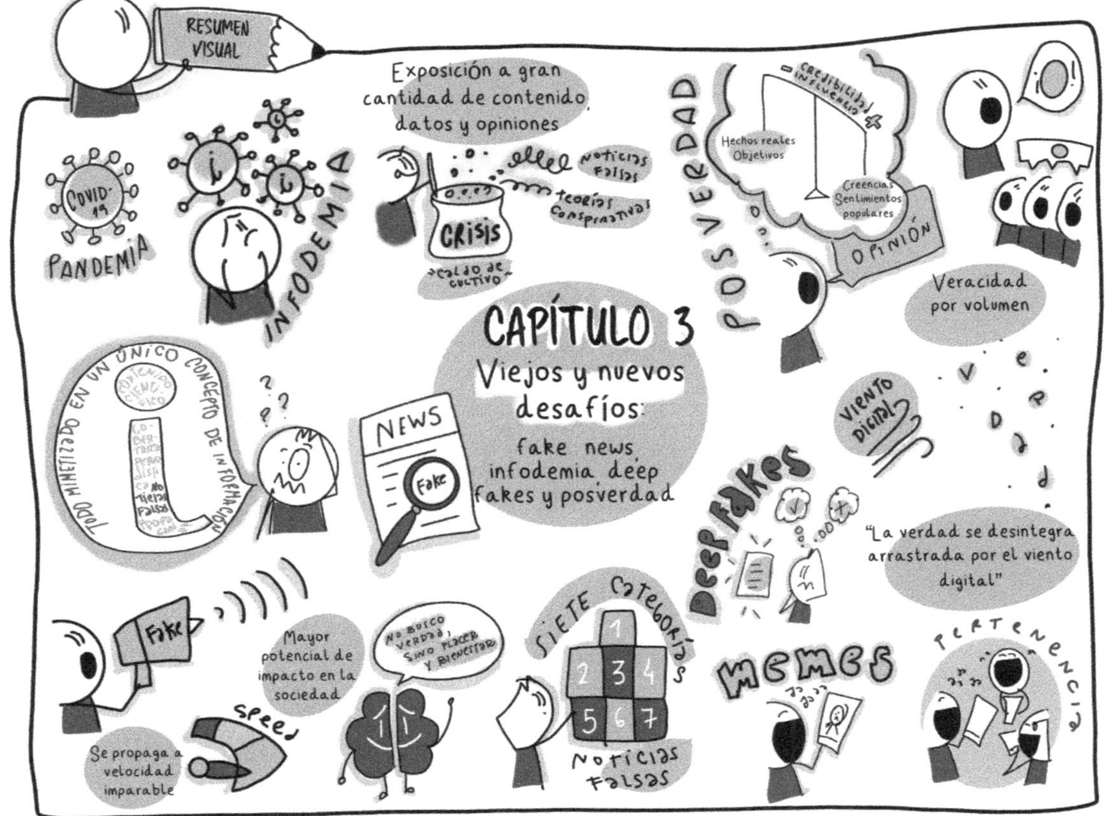
RESUMEN VISUAL
Exposición a gran cantidad de contenido, datos y opiniones
COVID 19
PANDEMIA
INFODEMIA
CRISIS
caldo de cultivo
Noticias falsas
teorías conspirativas
POSVERDAD
Credibilidad + influencias
Hechos reales Objetivos
Creencias Sentimientos populares
OPINIÓN
Veracidad por volumen
EN UN ÚNICO CONCEPTO DE INFORMACIÓN
TODO MINETIZADO
CAPÍTULO 3
Viejos y nuevos desafíos:
fake news, infodemia, deep fakes y posverdad
NEWS
Fake
VIENTO digital
VERDAD
DEEP FAKES
"La verdad se desintegra arrastrada por el viento digital"
Fake
Mayor potencial de impacto en la sociedad
No busco verdad, sino placer y bienestar
SIETE categorías
1 2 3 4 5 6 7
Noticias falsas
MEMES
PERTENENCIA
speed
Se propaga a velocidad imparable

Sesgos e información.
Los 50 sesgos más utilizados

En la era de la Inteligencia Artificial y de la híper-segmentación, debemos estar más atentos que nunca a los **sesgos y efectos cognitivos** que son utilizados en los algoritmos[22], fundamentalmente para mantenernos activos más tiempo en el espacio digital y de esta forma obtener más y mejor información de nosotros.

Para poder realizar la híper-segmentación, el sistema debe contar con la información que le entregamos a partir de nuestro acceso y durante nuestra actividad en el mundo digital. Esto permite crear nuestro perfil en detalle y hacernos llegar justamente aquello que se supone nos va a interesar. En este proceso, se utilizan algoritmos que se desarrollan considerando diferentes sesgos cognitivos para atraer nues-

---

22 Un algoritmo es un conjunto de instrucciones y pasos que permiten resolver un problema, una especie de receta de cocina para que el sistema funcione y logre un objetivo.

tra atención o lograr reacciones en nuestro comportamiento o acción.

Los sesgos cognitivos se definen como desviaciones en el procesamiento de la información percibida por el cerebro. Estas desviaciones derivan en distorsiones, juicios inexactos, interpretaciones ilógicas, que a su vez forman la base de la información de la que nuestra mente dispone para emitir juicios, interpretar la realidad y tomar decisiones.

El mecanismo de los sesgos cognitivos se basa en el funcionamiento de nuestro cerebro, que según explica el Premio Nobel de Economía Daniel Kahneman, puede dividirse en *Sistema 1 o automático* y *Sistema 2 o analítico*[23]. El Sistema 1 es el encargado de reaccionar, pensar y asociar rápidamente. Tiene que ver con nuestra capacidad innata de percibir el mundo a nuestro alrededor, y en él incluimos gradualmente esas actividades mentales que se vuelven rápidas y automáticas gracias a la práctica prolongada. El Sistema 2, por el contrario, es al que acudimos cuando algo no nos es familiar y requiere de un análisis más profundo, detallado y continuo.

Según Kahneman, estos sistemas están interrelacionados:

> El Sistema 1 genera continuamente sugerencias para el Sistema 2: impresiones, intuiciones, intenciones y sentimientos. Si cuentan con el respaldo del Sistema 2, las impresiones y las intuiciones se convierten en creencias y los impulsos en acciones voluntarias.[24]

Ambos sistemas están activos mientras estamos despiertos. El sistema 1 se ejecuta automáticamente, mientras que el sistema 2 normalmente se encuentra en una especie de "modo de ahorro de energía". La división del trabajo entre ambos sistemas suele ser muy eficiente: minimizar el esfuerzo y optimizar el rendimiento. Sin embargo, el sistema 1 funciona con sesgos:

---

23 Kahneman, D. (2012). *Pensar rápido, pensar despacio*. Barcelona: Debate.
24 *Op. cit.* Pág. 35.

En ocasiones responde preguntas más fáciles que las que se le plantearon y tiene poca comprensión de la lógica y la estadística. Una limitación adicional del sistema 1 es que no se puede apagar. Está siempre activo.[25]

Se denomina **facilidad tecno cognitiva** a aquella que permite que las personas puedan utilizar intuitivamente las aplicaciones digitales, conocida también como sentido común. Es el mecanismo que permite e impulsa a los usuarios de manera casi automática a sumarse a tendencias de opinión, a formarse y emitir juicios rápidos (generalmente distorsionados) sobre acontecimientos sociales que inmediatamente son publicados y diseminados en una serie de producciones digitales, desde *memes* o bromas visuales hasta *hashtags* o etiquetas de tendencia, pasando por videos, infografías y hasta notas periodísticas creadas en base a sesgos cognitivos con casi el único objetivo de ser popular o viral.

Algunos de estos sesgos y efectos cognitivos son más frecuentes que otros y podemos reconocerlos fácilmente desde nuestro accionar. Los más destacados son:

- **Sesgo de confirmación:** Es el más utilizado y nos lleva a consumir información alineada con nuestras creencias, preferencias y expectativas preexistentes. En el mundo de las plataformas digitales y las redes sociales, este se torna cada vez más profundo porque constantemente estamos alimentando a los algoritmos con datos sobre nuestras preferencias, lo cual les permite proporcionarnos la información que nos hace sentir más cómodos. Esto no solo impide estar bien informados, sino que finalmente conduce a la radicalización del pensamiento.
- **Efecto o síndrome del FOMO** (en inglés *fear of missing out*; en castellano *miedo de quedarse afuera*): Se trata del

---

25 *Op. cit.* Pág. 35.

miedo a salir del espacio digital y perderse de algo importante. Se define como una patología psicológica descrita como una aprehensión generalizada de que otros podrían estar teniendo experiencias gratificantes de las cuales uno está ausente. Este tipo de ansiedad social se caracteriza por un deseo de estar continuamente conectado con lo que otros están haciendo.

- **Sesgo de la experiencia reciente:** Este sesgo cognitivo consiste en la tendencia que tenemos los individuos a darle mayor valor a la información más reciente. Se trata de un error de pensamiento que hace que recordemos más fácilmente eventos ocurridos últimamente en comparación con hechos anteriores. Por ejemplo, si cerramos nuestras conversaciones con anotaciones negativas, es posible que permanezcamos desmotivados y le restemos importancia a cualquier otro aspecto positivo que haya sido mencionado en esa misma conversación.

- **Sesgo de anclaje:** Refiere a la tendencia que tenemos los seres humanos a quedarnos con la primera información que escuchamos en un argumento. Esto deja a las primeras impresiones ancladas en nuestra memoria, así como los primeros datos, aunque algunas hipótesis indican que factores como el estado de ánimo, la experiencia y la personalidad pueden afectar en el grado de influencia que tenga este sesgo en nuestra toma de decisiones. Por esta razón, es importante desarrollar habilidades de escucha activa de tal forma que consideremos toda la información presentada en un argumento y no solo las primeras frases.

- **Sesgo de supervivencia o Falacia de Neyman:** Es el sesgo que nos lleva a poner foco solo en aquello que salió bien y olvidar los fracasos. Algo así como la creencia de que lo que sobrevive es lo correcto. Se trata de un error de selección de objetos, personas o datos, basado en el hecho de confiar y tener en cuenta exclusivamente los casos de éxito omitiendo los errores o fracasos. Este sesgo tiende a distorsionar los datos en una sola dirección, haciendo que los resultados parezcan mejores de lo que son. El término fue utilizado por primera vez durante la Segunda Guerra Mundial, cuando investigadores del Centro de Análisis Navales estadounidense realizaron un estudio para minimizar los daños causados a sus aviones. En su estudio, los investigadores recomendaban añadir un blindaje adicional a las zonas que mostraban más daños de modo tal de minimizar las pérdidas de los bombarderos por fuego enemigo. Sin embargo, el matemático húngaro Abraham Wald notó que al realizarse solo sobre los aviones que habían sobrevivido a sus misiones y no sobre los que habían sido derribados, la investigación no presentaba una imagen completa. Según Wald, las zonas de los aviones que regresaban y que tenían agujeros no necesitaban un blindaje adicional, ya que claramente los bombarderos podían sufrir daños en esas zonas y regresar a casa sanos y salvos. En cambio, las áreas en las que los aviones que regresaban estaban indemnes eran justamente las que, en caso de ser alcanzadas, harían que el avión se estrellara. Por ende, esas eran las zonas que había que reforzar.

- **El sesgo de los expertos**: Es la tendencia a creer en la opinión de un experto, sin importar que el tema sobre el cual está opinando no sea su tema de conocimiento. Este sesgo se volvió particularmente relevante en el contexto de Covid-19. Un experto puede opinar sobre su tema de especialización, pero si va a opinar sobre cualquier tema, debe hacerlo desde un lugar de ciudadano común, no como experto. Sin embargo, hay muchos ejemplos en los que expertos con amplia trayectoria opinaron sobre temas que poco o nada tenían que ver con su formación. El problema es que el ciudadano promedio tiende a creer que, dado que la opinión proviene de un experto, es válida. Todos tenemos derecho a opinar, pero si lo hacemos desde la postura de experto, debemos tener conciencia y responsabilidad.

- **Efecto de Dunning-Kruger:** David Dunning y Justin Kruger fueron dos psicólogos que lograron establecer y probar su hipótesis acerca de este sesgo cognitivo al que le dieron su nombre y que los hizo ganadores del Premio Nobel de Psicología. Este efecto es fascinante porque hace referencia al hecho de que, paradójicamente, las personas más incompetentes son las que más confían en sus habilidades y las que más consideran a las demás como incapaces o ignorantes. Su propia incompetencia las ciega. Al mismo tiempo, produce el efecto contrario en quienes son más competentes o inteligentes que el promedio, y que por ello tienden a subestimar sus propias capacidades y sobreestimar la capacidad de los otros. En definitiva, cuanto menos inteligentes somos, más inteligentes nos creemos y cuanto más inteligentes somos, menos nos lo creemos. Este sesgo trata del pensamiento sobre nuestro pensamiento, lo que llamamos **metaconocimiento**.

- **Efecto halo:** Es el efecto que nos hace juzgar a partir de las primeras impresiones. Si creemos que una persona tiene un rasgo positivo, esa impresión positiva se extenderá a otros rasgos. "Es tan linda que no puede ser una mala persona", pensamos a veces de manera errónea. El psicólogo y pedagogo estadounidense Edward Thorndike acuñó este término. Considerado como uno de los antecesores de la psicología conductista, Thorndike habló del efecto halo en un artículo publicado en 1920 y titulado "El error constante en las calificaciones psicológicas". En este, describe un experimento en el que pide a oficiales del ejército que califiquen cualidades de los soldados para determinar si las mismas se mezclaban con otras características, si había correlación. Descubrió que los oficiales atribuían una valoración positiva partiendo de un solo rasgo y que lo mismo ocurría con los aspectos más negativos: se producía una valoración negativa por extensión. Thorndike realizó aportes muy relevantes con sus estudios, como el aprendizaje por ensayo/error y la llamada 'ley del efecto', y sus postulados influyeron notablemente en la corriente psicológica del conductismo. Como ejemplo, en las redes sociales, este efecto nos lleva a creer que un famoso o un influencer al ser bueno en algo lo es en todo, o a creer que porque alguien tiene buena apariencia también es inteligente y buena persona.

- **Sesgo de percepción selectiva:** Suele ocurrir que una vez que aprendemos una palabra nueva, empezamos a escucharla con frecuencia. Esto se debe al efecto de percepción selectiva, que describe cómo nuestras expectativas influyen en la forma en la que percibimos el contexto. Aunque la percepción selectiva está incluida en el listado de los sesgos cognitivos y nos puede llevar a errores de pensamiento, también puede tener un efecto positivo al permitirnos ignorar información poco relevante para que nuestro cerebro perciba lo que realmente importa. Este sesgo nos permite comprender que es muy poco lo que percibimos e incorporamos en nuestro marco de pensamiento, si consideramos todos los estímulos e información que nuestro alrededor nos brinda permanentemente. Este sesgo exige, para poder ser evitado, que nos preguntemos siempre qué información falta.

- **Efecto del avestruz:** La idea popular –que sabemos que no es cierta– de que los avestruces esconden la cabeza en la tierra para olvidarse de la realidad dio nombre a este sesgo cognitivo. El efecto del avestruz indica que en ocasiones desconocemos la realidad y evitamos considerar informaciones negativas subestimando peligros. Este sesgo cognitivo ha sido demostrado por medio de múltiples investigaciones y nos recuerda que ignorar los datos que nos advierten de un problema o un riesgo solo inclina la balanza en contra nuestro.

- **Efecto de foco:** Tendencia que tenemos los seres humanos a sobrestimar la cantidad de personas que prestan atención a nuestro comportamiento y apariencia. En la vida digital, este sesgo se ve potenciado por la capacidad de exposición que sentimos que esta ofrece y nos lleva a imaginar que nuestro entorno nos presta más atención de la que realmente nos dedica.

- **Sesgo de punto ciego:** Se trata del hecho de que por lo general creemos que no tenemos prejuicios, y los vemos en los demás más que en nosotros mismos.

- **Sesgo de ilusión de agrupamiento:** La tendencia a encontrar patrones y grupos en datos aleatorios. Podríamos tomar como ejemplo de una ilusión de agrupamiento la escena más famosa de la comedia argentina *Un novio para mi mujer*, en la que a la Tana Ferro le preguntan de qué signo es, y cuando ella responde que es de Sagitario, su interlocutora se emociona porque su ex novio, y sus amigas Gachi y Pachi también son de ese signo.

- **Sesgo de creencias:** Juzgamos la fuerza de un argumento no por la evidencia en la que se apoya la conclusión, sino por lo plausible que es la conclusión en nuestras propias mentes. Este sesgo es la base de las teorías conspirativas.

- **Sesgo de automatización:** Confiamos en los sistemas automatizados mucho más que en los seres humanos. Creemos que las correcciones que nos ofrecen son siempre correctas, cuando en realidad están profundamente sesgadas y pueden incurrir en errores graves. Abundan los casos en los que un sistema automatizado arribó a conclusiones erróneas. En diciembre de 2021, un niño de 10 años le pidió a Alexa, la asistente virtual de Amazon, que le propusiera un desafío. La respuesta de Alexa fue que tenía que tocar un enchufe expuesto con una moneda. El error –que podría haberse convertido en tragedia– tuvo lugar porque los asistentes virtuales como Alexa consiguen su información a partir de motores de búsqueda comunes. En este caso, se trataba de un desafío que se había hecho viral en TikTok. Pero Alexa, que "todo lo sabe", no tiene la capacidad de distinguir lo que puede ser un desafío inofensivo de uno peligroso.

- **Sesgos de realismo o cinismo ingenuo:** Estos dos sesgos funcionan igualmente, aunque en sentidos diferentes, según sea el caso. En el caso del **realismo**, creemos que observamos la realidad objetiva y que otras personas son irracionales, desinformadas o sesgadas. En el caso del **cinismo**, pensamos que las otras personas son más egocéntricas de lo que realmente sus acciones e intenciones indican.

- **Efecto espectador:** Hace referencia a aquellos casos en los que los individuos que son testigos de un crimen no ofrecen ninguna forma de ayuda a víctimas cuando hay otras personas presentes. La persona se mantiene como simple espectadora.

- **Efecto Google o amnesia digital:** Tendencia a olvidar información que se encuentra fácilmente en los motores de búsqueda o en los dispositivos digitales donde podemos guardar la información. Como sé que lo puedo encontrar fácilmente con un clic, no necesito recordarlo, sería la lógica utilizada. El problema es que esta nueva forma de funcionamiento puede llevar a que nuestra memoria, si no se entrena de alguna otra forma, se debilite progresivamente. Hace unos años, este sesgo me jugó una muy mala pasada, cuando tras ser víctima de un breve secuestro en la ciudad de Bogotá, fui liberada en un terreno descampado en las afueras de la ciudad sin documentos, dinero, ni teléfono móvil. Cuando finalmente pude llegar al hotel donde estaba alojada, mi primer impulso fue llamar a mis hijos para avisarles lo sucedido y que me ayudaran con las denuncias necesarias. Inmediatamente comencé a desesperarme al ver que no recordaba ningún teléfono, y darme cuenta de que, en realidad, nunca los había registrado en mi mente. Recordaba apenas el teléfono de mi casa, pero mis hijos no estaban allí. Y, sin embargo, recordaba nítidamente los teléfonos que había memorizado en mi infancia. Quedé en shock con la singular dependencia que, entendí, tenía de la tecnología. Desde entonces, me obligo a tener grabados en mi mente los contactos y la información que creo relevante para mí, aunque la pueda conseguir fácilmente en mi celular, tablet o computadora. Lo hago porque sé que puede ocurrir que no siempre tengamos la tecnología necesaria a nuestro alcance en el momento en que más la necesitemos, pero también porque lo considero un ejercicio sano para mi memoria.
- **Sesgo de la falacia del jugador:** Creemos que las posibilidades futuras se ven afectadas por eventos pasados.

Se trata de un razonamiento errado vinculado con la suerte y el azar. Consiste en pensar que, como ya se registró un suceso en el pasado, existen menores probabilidades de que este hecho se repita en el futuro.

- **Sesgo de memoria falsa:** Confundimos la imaginación con recuerdos reales. A este sesgo se lo llama también *efecto Mandela*, tal como lo denominó, en 2010, la escritora y bloguera Fiona Broome. Ella descubrió que mucha gente, e incluso ella misma, recordaba haber visto por televisión el momento en que Nelson Mandela moría en la cárcel y su funeral. El hecho, sin embargo, era falso ya que Mandela luego de salir de prisión fue presidente de Sudáfrica y murió en 2013 a los 94 años.

- **Sesgo de disonancia cognitiva:** Se refiere al conflicto mental que ocurre cuando los comportamientos y creencias de una persona no concuerdan. También puede suceder cuando una persona tiene dos creencias que se contradicen entre sí. No todas las personas experimentan disonancia cognitiva de forma similar. Algunos tienen una tolerancia más alta a la incertidumbre e inconsistencia, y pueden experimentar menos disonancia cognitiva que otros que requieren consistencia. Por ejemplo: miento a pesar de que me considero una persona honesta.

- **Efecto tercera persona:** Creemos que los demás se ven más afectados por el consumo de los medios de comunicación que nosotros mismos.

- **Sesgo de optimismo y de pesimismo:** A veces somos demasiado optimistas/pesimistas acerca de los buenos/malos resultados. En el primer caso, aplica la frase: *a mí no me va a pasar*. El problema es que un optimismo exagerado puede llevar a errores de cálculo desastrosos. En el otro caso, tendemos a esperar que las cosas no salgan bien o ponemos foco en lo que salió mal.

Estos son algunos de los sesgos y efectos más utilizados, pero son muchos más los que influyen en nuestro proceso cognitivo y nuestro comportamiento. Elon Musk[26] recomienda conocer y enseñar a los niños desde temprana edad los 50 sesgos cognitivos más utilizados que recientemente hizo públicos (ver gráficos al final del capítulo).

Algunos sesgos y efectos cognitivos nos llevan a crear y pensar en base a **estereotipos.** En general, sabemos a qué se refiere un estereotipo, pero no está demás repasar. Se trata de una conclusión preconcebida –positiva o negativa– acerca de un individuo o un grupo de personas. El problema con los estereotipos es que agrupan a los seres humanos asumiendo creencias o patrones de comportamiento que generalmente no se corresponden con la realidad. Eliminar los estereotipos favorece el pensamiento crítico y la diversidad, así como también la capacidad de colaborar.

El problema de los sesgos no es que existan, sino que nunca sabemos cuáles están operando ni qué impacto tienen sobre nosotros o cómo están actuando sobre nuestro accionar. La dificultad se suscita cuando su entero funcionamiento se basa en nuestro desconocimiento.

Abruma pensar en todos estos sesgos y efectos cognitivos, que no son los únicos utilizados, sino los más frecuentes. Tampoco son empleados exclusivamente en forma aislada, sino que muchas veces actúan en conjunto alcanzando un potencial de influencia aún mucho más poderoso y una mayor eficiencia en su funcionamiento sobre nosotros y nuestro pensamiento. Cada día creo más que, en la vida digital, el conocimiento de estos sesgos debería convertirse en la guía fundamental para considerarnos realmente **alfabetos digitales.**

---

26 Elon Reeve Musk, fundador e ingeniero jefe de SpaceX; inversor ángel, CEO y arquitecto de productos de Tesla, Inc; fundador de The Boring Company; y cofundador de Neuralink y OpenAI.

50 SESGOS COGNITIVOS a tener en cuenta para que puedas ser TU MEJOR VERSIÓN
Elon Musk
Memoria | Social | Aprendizaje | Creencias | Dinero | Política

ERROR DE ATRIBUCIÓN FUNDAMENTAL
Juzgamos a los otros por su personalidad o carácter más básico, y no nos juzgamos a nosotros mismos del mismo modo
María llega tarde a clase es vaga ¡Llego tarde a clase; fue una mala mañana

SESGO DE AUTOSERVICIO
Nuestros fracasos son situacionales mientras que nuestros éxitos son nuestra responsabilidad
Ganaste ese premio porque te esforzaste mucho, no por la ayuda o suerte Sin embargo, reprobaste ese examen porque no habías dormido lo suficiente

SESGO ENDOGRUPAL
Favorecemos a las personas que forman partes de nuestro grupo en detrimento de las que no
CLUB
Juan va a tu mismo club por ende te cae mejor Juan que María

EFECTO DE ARRASTRE
Las ideas, las modas y creencias crecen a medida que más personas las adoptan
María empezó a ir a un nuevo restaurante coreano del que todos están hablando por ende Juan también quiere ir

PENSAMIENTO DE GRUPO
Debido a un deseo de conformidad y armonía dentro del propio grupo tomamos decisiones irracionales, a menudo para minimizar el conflicto
María quiere tomar un helado Juan quiere comprarse un remera Sugerís comprar remeras con imágenes de helado

EFECTO HALO
Si ves rasgos positivos en una persona, esa impresión positiva se extenderá a sus otros rasgos Este sesgo también funciona a la inversa, con los rasgos negativos
Ana no puede ser mala ¡Es tan linda!

SUERTE MORAL
La tendencia a atribuir una mayor o menor posición moral basada en el resultado de un evento
La cultura X ganó la guerra X porque eran moralmente superiores a los perdedores

EFECTO DEL FALSO CONSENSO
Creemos que hay más gente de acuerdo con nosotros de la que realmente hay
¡Todos piensan eso!

MALDICIÓN DEL CONOCIMIENTO
Una vez que sabemos algo, asumimos que todos los demás lo saben
Alicia es una profesora y lucha por entender la perspectiva de sus nuevos estudiantes

EFECTO DE FOCO
Sobrestimamos la cantidad de personas que prestan atención a nuestro comportamiento y apariencia
María está preocupada de que todos se den cuenta de lo patética que es su remera con helados

50 SESGOS COGNITIVOS a tener en cuenta para que puedas ser TU MEJOR VERSIÓN
Elon Musk
Memoria | Social | Aprendizaje | Creencias | Dinero | Política

HEURÍSTICA DE DISPONIBILIDAD
Nos basamos en ejemplos inmediatos que nos vienen a la mente al evaluar un tema o decisión específica
Al intentar decidir que local visitar, elegís aquel del que viste una publicidad hace poco tiempo

ATRIBUCIÓN DEFENSIVA
Como observadores atribuimos las causas de un percance de manera tal de minimizar nuestros miedos a ser víctimas o acusados en una situación similar
María esperó demasiado tiempo en un semáforo en verde porque estaba jugando con su teléfono La chocaron por detrás Pedro que también suele enviar mensajes de texto mientras maneja le gritó a la persona que la chocó

HIPÓTESIS DEL MUNDO JUSTO
Tendemos a creer que el mundo es justo y que por lo tanto los actos de injusticia son merecidos
Le robaron el bolso a María porque ella molestaba a Juan con su remera y tuvo un mal Karma

REALISMO INGENUO
Creemos que observamos la realidad objetiva, y que otras personas son irracionales, están desinformadas o sesgadas
"Veo el mundo como es realmente, los otros son tontos"

CINISMO INGENUO
Creemos que observamos la realidad objetiva y que otras personas tienen un sesgo egocéntrico más alto del que realmente tienen sus sus acciones o intenciones
"La única razón por la que esta persona está haciendo algo bueno es para sacarme algo"

EFECTO FORER (O EFECTO BARNUM)
Atribuimos fácilmente nuestra personalidad a declaraciones vagas, incluso si pueden aplicarse a una amplia gama de personas
"Este horóscopo es tan preciso"

EFECTO DUNNING-KRUGER
Cuanto menos sepas, más confianza tendrás; cuanto más sepas, menos confianza tendrás
Juan asegura con confianza al grupo que no hay algas en el helado No trabajan en la industria láctea

EFECTO DE ANCLAJE
Dependemos en gran medida de la primera información que se nos ofrece al tomar decisiones
"¿Tiene un 50% de descuento? Debe ser una buena oferta."

SESGO DE AUTOMATIZACIÓN
Confiamos en sistemas automatizados A veces confiamos demasiado en las correcciones automáticas de decisiones que realmente eran correctas
Tu celular corrige automáticamente "esta" por "está" por lo que asumís que la segunda opción es la correcta

EFECTO GOOGLE (O AMNESIA DIGITAL)
Tendemos a olvidar la información que se busca fácilmente en los motores de búsqueda
"¿Cómo se llamaba ese actor de esa película tan divertida? Lo busqué como 8 veces"

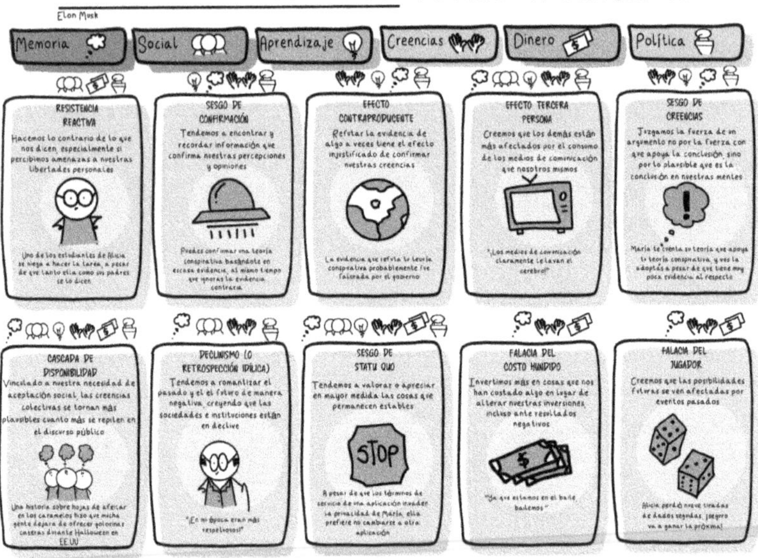
50 SESGOS COGNITIVOS a tener en cuenta para que puedas ser TU MEJOR VERSIÓN
Elon Musk
Memoria | Social | Aprendizaje | Creencias | Dinero | Política

RESISTENCIA REACTIVA
Hacemos lo contrario de lo que nos dicen, especialmente si percibimos amenazas a nuestras libertades personales
Uno de los estudiantes de Alicia se niega a hacer la tarea, a pesar de que tanto ella como sus padres se lo dicen

SESGO DE CONFIRMACIÓN
Tendemos a encontrar y recordar información que confirma nuestras percepciones y opiniones
Puedes confirmar una teoría conspirativa basándote en escasa evidencia, al mismo tiempo que ignoras la evidencia contraria

EFECTO CONTRAPRODUCENTE
Refutar la evidencia de algo a veces tiene el efecto injustificado de confirmar nuestras creencias
La evidencia que refuta la teoría conspirativa probablemente fue falseada por el gobierno

EFECTO TERCERA PERSONA
Creemos que los demás están más afectados por el consumo de los medios de comunicación que nosotros mismos
"Los medios de comunicación claramente te lavan el cerebro"

SESGO DE CREENCIAS
Juzgamos la fuerza de un argumento no por la fuerza con que apoya la conclusión, sino por lo plausible que es la conclusión en nuestras mentes
María te cuenta su teoría que apoya tu teoría conspirativa, y vos la adoptás a pesar de que tiene muy poca evidencia al respecto

CASCADA DE DISPONIBILIDAD
Vinculado a nuestra necesidad de aceptación social, las creencias colectivas se tornan más plausibles cuanto más se repiten en el discurso público
Una historia sobre hojas de afeitar en los caramelos hizo que mucha gente dejara de ofrecer golosinas caseras durante Halloween en EE.UU

DECLINISMO (O RETROSPECCIÓN IDÍLICA)
Tendemos a romantizar el pasado y el el futuro de manera negativa, creyendo que las sociedades e instituciones están en declive
"¡En mi época eran más respetuosos!"

SESGO DE STATU QUO
Tendemos a valorar o apreciar en mayor medida las cosas que permanecen estables
A pesar de que los términos de servicio de una aplicación invaden la privacidad de María, ella prefiere no cambiarse a otra aplicación

FALACIA DEL COSTO HUNDIDO
Invertimos más en cosas que nos han costado algo en lugar de alterar nuestras inversiones, incluso ante resultados negativos
"Ya que estamos en el baile, bailemos"

FALACIA DEL JUGADOR
Creemos que las posibilidades futuras se ven afectadas por eventos pasados
Alicia perdió nueve tiradas de dados seguidas, ¡seguro va a ganar la próxima!

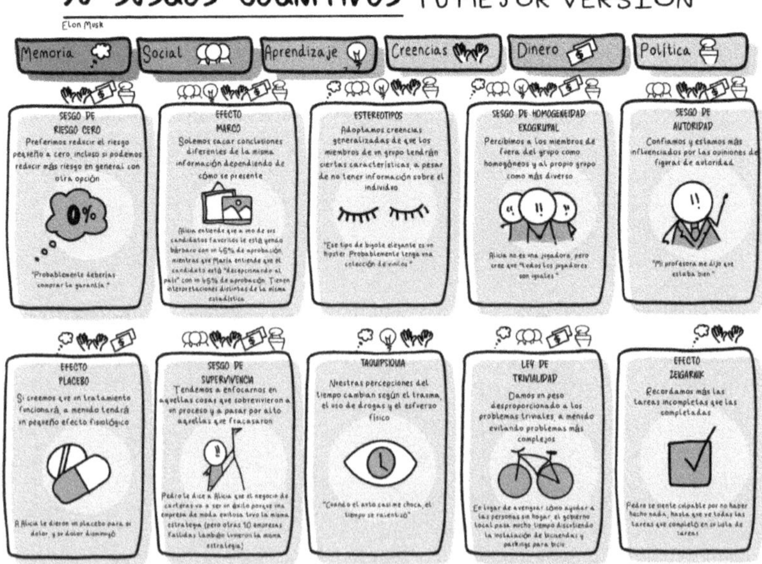
50 SESGOS COGNITIVOS a tener en cuenta para que puedas ser TU MEJOR VERSIÓN
Elon Musk
Memoria | Social | Aprendizaje | Creencias | Dinero | Política

SESGO DE RIESGO CERO
Preferimos reducir el riesgo pequeño a cero, incluso si podemos reducir más riesgo en general con otra opción
0%
"Probablemente deberías comprar la garantía"

EFECTO MARCO
Solemos sacar conclusiones diferentes de la misma información dependiendo de cómo se presente
Alicia entiende que a uno de sus candidatos favoritos le está yendo bárbaro con un 45% de aprobación mientras que María entiende que el candidato está "decepcionando al país" con un 45% de aprobación. Tienen interpretaciones distintas de la misma estadística

ESTEREOTIPOS
Adoptamos creencias generalizadas de que los miembros de un grupo tendrán ciertas características a pesar de no tener información sobre el individuo
"Ese tipo de bigote elegante es un hipster. Probablemente tenga una colección de vinilos"

SESGO DE HOMOGENEIDAD EXOGRUPAL
Percibimos a los miembros de fuera del grupo como homogéneos y al propio grupo como más diverso
Alicia no es una jugadora, pero cree que "todos los jugadores son iguales"

SESGO DE AUTORIDAD
Confiamos y estamos más influenciados por las opiniones de figuras de autoridad
"Mi profesora me dijo que estaba bien"

EFECTO PLACEBO
Si creemos que un tratamiento funcionará, a menudo tendrá un pequeño efecto fisiológico
A Alicia le dieron un placebo para su dolor, y su dolor disminuyó

SESGO DE SUPERVIVENCIA
Tendemos a enfocarnos en aquellas cosas que sobrevivieron a un proceso y a pasar por alto aquellas que fracasaron
Pedro le dice a Alicia que el negocio de carteras va a ser un éxito porque una empresa de moda exitosa tuvo la misma estrategia (pero otras 10 empresas fallidas también tuvieron la misma estrategia)

TAQUIPSIQUIA
Nuestras percepciones del tiempo cambian según el trauma, el uso de drogas y el esfuerzo físico
"Cuando el auto casi me choca, el tiempo se ralentizó"

LEY DE TRIVIALIDAD
Damos un peso desproporcionado a los problemas triviales, a menudo evitando problemas más complejos
En lugar de averiguar cómo ayudar a las personas sin hogar, el gobierno local pasa mucho tiempo discutiendo la instalación de bicisendas y parkings para bicis

EFECTO ZEIGARNIK
Recordamos más las tareas incompletas que las completadas
Pedro se siente culpable por no haber hecho nada, hasta que ve todas las tareas que completó en su lista de tareas

50 SESGOS COGNITIVOS a tener en cuenta para que puedas ser TU MEJOR VERSIÓN
Elon Musk

Memoria · Social · Aprendizaje · Creencias · Dinero · Política

EFECTO IKEA
Le damos más valor a las cosas que creamos parcialmente nosotros mismos
"¡No te encanta esta maceta que me salió $20? La pinté yo misma."

EFECTO BEN FRANKLIN
Nos gusta hacer favores. Es más probable que le hagamos otro favor a alguien si ya le hemos hecho un favor que si hemos recibido un favor suyo
Pedro le prestó la lapicera a Juan cuando Juan pidió prestados $5. Pedro se los prestó fácilmente

EFECTO ESPECTADOR
Cuántas más personas haya alrededor, es menos probable que ayudemos a una víctima
En una multitud de estudiantes, nadie llamó al 911 cuando alguien resultó herido en una pelea

SUGESTIBILIDAD
La gente, y en especial los niños, a veces confunden las ideas sugeridas por preguntas con recuerdos
"Entonces ¿te caíste del sofá antes o después de que tu mamá te golpeara?"

FALSOS RECUERDOS
Confundimos la imaginación con recuerdos reales
Pedro está seguro de que María dijo un chiste muy divertido sobre las piñas, cuando ese chiste en realidad salió de la televisión

CRIPTOMNESIA
Confundimos los recuerdos reales con la imaginación
Pedro cree que visitó un cementerio, pero está bastante seguro de que sólo tuvo una pesadilla

ILUSIÓN DE AGRUPAMIENTO
Encontramos patrones y grupos en datos aleatorios
"Esa nube se parece a tu gata, Alicia"

SESGO DE PESIMISMO
A veces sobrestimamos la probabilidad de malos resultados
"Nada mejorará jamás"

SESGO DE OPTIMISMO
A veces somos demasiado optimistas acerca de los buenos resultados
"Esto va a salir bárbaro"

PREJUICIO DEL PUNTO CIEGO
No creemos que tengamos prejuicios, y los vemos en los demás más que en nosotros mismos
"No soy parcial"

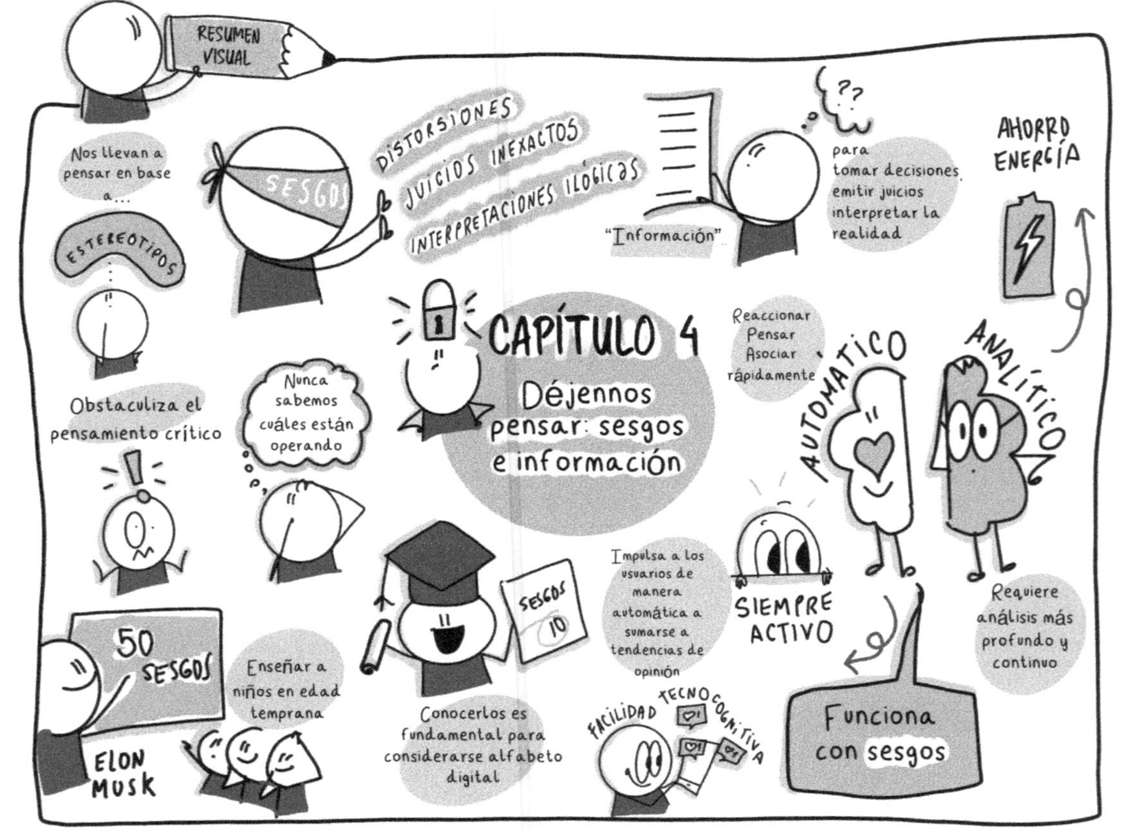
RESUMEN VISUAL
Nos llevan a pensar en base a...
SESGOS
DISTORSIONES
JUICIOS INEXACTOS
INTERPRETACIONES ILÓGICAS
ESTEREOTIPOS
"Información"
para tomar decisiones, emitir juicios interpretar la realidad
AHORRO ENERGÍA
Obstaculiza el pensamiento crítico
Nunca sabemos cuáles están operando
CAPÍTULO 4
Déjennos pensar: sesgos e información
Reaccionar Pensar Asociar rápidamente
AUTOMÁTICO
ANALÍTICO
50 SESGOS
Enseñar a niños en edad temprana
ELON MUSK
Conocerlos es fundamental para considerarse alfabeto digital
SESGOS 10
Impulsa a los usuarios de manera automática a sumarse a tendencias de opinión
SIEMPRE ACTIVO
FACILIDAD TECNOCOGNITIVA
Funciona con sesgos
Requiere análisis más profundo y continuo

Teorías conspirativas y fanatismo

En la actualidad, las **teorías conspirativas** ganan terreno en la vida digital y suman más presencia que nunca en la forma de pensar y en el comportamiento de la gente. Según un artículo publicado en el *New York Times* en 2020, el 50 por ciento de los estadounidenses cree en al menos una teoría conspirativa desacreditada. Esta cifra podría ser aún mayor y lo más destacable es que aumenta cada año. Todavía no comprendemos muy bien el fenómeno de su crecimiento y por qué las personas están más propensas a creer en estas teorías que en muchos casos resultan absurdas o incluso han demostrado su falsedad ampliamente, en especial las versiones más siniestras.

De algún modo, las teorías conspirativas prosperan en base a la conjunción eficiente de diferentes sesgos, como los de creencias, grupo y sugestión, validación por volumen o repetición, pero también en base al denominado **pensamiento mágico.** El pensamiento o conocimiento mágico es la forma de pensar sin basarse en la lógica, sin justificar y valorando los acontecimientos a través de hechos sobrenaturales que no tienen un fundamento empírico. En estos casos, las personas que se basan en estas ideas suelen atribuir la causa de muchos de sus problemas a fenómenos sobrenaturales. Esto hace que tengan dificultad para solucionarlos, ya que no frenan las situaciones ni las enfrentan de una manera lógica y racional, y a través de estas teorías encuentran una forma de explicar aquello que les genera ansiedad y desconocen, y así logran calmar su ansiedad.

Para Byung-Chul Han,

> Las teorías de la conspiración prosperan especialmente en situaciones de crisis. Hoy no solo existe una crisis económica y pandémica, sino también una crisis narrativa. Los relatos crean sentido e identidad. Por eso la narrativa conduce a un vacío sin sentido, a una crisis de identidad y a una falta de orientación. Las teorías conspirativas como microrrelatos proporcionan aquí un remedio.[27]

Las teorías conspirativas, usualmente, van en contra de un consenso general y no se pueden probar usando métodos tradicionales. Se basan en actores que están fuera de escena, que operan a escondidas, que tienen un gran poder y que ejecutan acciones con fines poco éticos para lograr objetivos ocultos, provocando a menudo efectos desastrosos.

Cuando una teoría de la conspiración no alcanza a tener un interés político, social o económico relevante, entonces se la considera una leyenda urbana. Pero una teoría conspirativa es un patrón de pensamiento mágico que va mucho más allá de la superstición común y corriente, y en términos sociales, la persona que las cree suele dar la impresión de ser incoherente o rara.

El problema se suscita cuando estas teorías, apoyadas en la capacidad de viralización, alcance y radicalización,

---

27 Han, B.-Ch. (2022). *Infocracia: La digitalización y la crisis de la democracia.* Barcelona: Taurus. Pág. 85.

llevan al fanatismo y pueden ocasionar reacciones violentas. Tal fue el caso del llamado *Pizzagate*, una teoría conspirativa que se hizo viral durante las elecciones presidenciales de EE.UU. en 2016 y que resultó en una balacera en una pizzería de Washington DC. La teoría tuvo sus orígenes en la filtración y posterior publicación por parte de WikiLeaks de los mails privados de John Podesta, que por ese entonces era jefe de la campaña presidencial de Hillary Clinton. A partir de allí, grupos de extrema derecha y otros opositores de Clinton, comenzaron a difundir en distintos sitios web y redes sociales la teoría de que los mails de Podesta contenían mensajes codificados que permitían conectar a miembros del Partido Demócrata con una red de trata de personas y abuso sexual infantil. Uno de los restaurantes en los que supuestamente se escondía esta red era la pizzería Comet Ping Pong en Washington DC, que a partir de la difusión de esta teoría comenzó a recibir cientos de amenazas de quienes la apoyaban. El 4 de diciembre de 2016, Edgar Maddison Welch, un hombre de 28 años, se presentó armado en la pizzería y comenzó a disparar, con la intención de salvar a los niños de la red de explotación sexual. Obviamente, el hombre no encontró a ningún niño y luego de disparar sin causar heridos se terminó rindiendo a la policía. Una teoría que podría haber terminado en tragedia y en la que, aún luego de ser ampliamente desmentida por diversas organizaciones, mucha gente siguió creyendo.

Las conspiraciones también proporcionan un sentido de pertenencia al grupo de creyentes que las sostienen y, al mismo tiempo, le dan seguridad convirtiéndose incluso en grupos de culto. En su libro *Cultos, el lenguaje del fanatismo*, Amanda Montell describe cómo las nuevas tecnologías y la vida digital ofrecen gran cantidad de herramientas para que desarrollemos además de la creencia en teorías conspirativas, el fanatismo:

> [... la necesidad de tener una identidad, un propósito y un lugar al que pertenecer lleva existiendo hace tiempo y los grupos de culto siempre han surgido durante los limbos culturales cuando estas demandas han quedado insatisfechas. En esta era gobernada por internet en la que un gurú puede ser impío, en la que para acceder basta con hacer doble clic y en la que la gente que tiene creencias alternativas puede encontrarse entre sí con más facilidad que nunca, solo tiene sentido que los cultos ajenos a la religión empiecen a brotar con rapidez por todas partes. Para bien o para mal, en la actualidad hay un culto para cada uno de nosotros.[28]

Lo que cambia en la era digital es el potencial, las opciones, la capacidad de organizarnos en grupo, conectarnos con personas en diferentes geografías, el alcance y la profundidad que podemos tomar en función del acceso a información que nos pueda radicalizar. Es claro que no podemos ignorar, negar o dejar fuera de nuestro control estas posibilidades, ni con nosotros ni con aquellos que están bajo nuestro cuidado.

---

28 Montell, A. (2022). *Cultos, el lenguaje del fanatismo*. Buenos Aires: Ediciones Urano. Pág. 40.

RESUMEN VISUAL
teorías CONSPIRATIVAS
Forma de pensar sin basarse en la lógica
Valorar los acontecimientos a través de hechos sobrenaturales
PENSAMIENTO MÁGICO
Prosperan en situaciones de CRISIS
Económica
CAPÍTULO 5
Teorías conspirativas y fanatismo
Forma de explicar lo desconocido y que genera ansiedad
Pandémica
Narrativa
PERTENENCIA
Proporcionan sentido de pertenencia y seguridad
en la ERA DIGITAL
Cambia el POTENCIAL

¿Info-adictos?

Probablemente, uno de los mayores desafíos que enfrentamos hoy en día como consecuencia de la irrupción de nuevos medios informativos es el de las burbujas informativas y de las cajas de resonancia mediática o cámaras de eco.

El concepto de **burbujas informativas** fue presentado por Eli Pariser, activista político, pionero en la práctica de la participación ciudadana en línea y presidente del consejo de *MoveOn,* plataforma de activismo político. Es un término que define al estado de aislamiento intelectual en el que puede derivar el uso de algoritmos por parte de las páginas web para personalizar el resultado de las búsquedas. Dichos algoritmos predicen y seleccionan la información que al usuario le podría interesar basándose en su información personal, como puede ser su ubicación, historial de búsquedas o los enlaces en los que hizo *clic* en el pasado. Como resultado, los usuarios son apartados de información que no concuerda con sus puntos de vista y se mantienen aislados en burbujas ideológicas y culturales.

Pariser presenta este concepto en su libro *El filtro burbuja: Cómo la web decide lo que leemos y lo que pensamos*, en el que explica cómo los usuarios digitales están menos expuestos a información conflictiva y son aislados intelectualmente en su propio sesgo informativo. Esto no solo ocurre en búsquedas que realizamos en Google, sino también en las redes sociales donde, en parte por los diferentes sesgos que ya hemos comentado en el capítulo anterior, la información se elige para que nos sintamos a gusto y continuemos allí el mayor tiempo posible. Esto termina creando universos de información absolutamente personales.

El efecto del filtro burbuja puede tener implicancias negativas en el pensamiento social. De hecho, algunos creemos que la polarización social –también conocida como *grieta*– y la radicalización del pensamiento o el surgimiento de posturas extremas son en parte consecuencia de este funcionamiento que los ciudadanos apenas advertimos.

Pariser define los filtros burbuja como si fueran un ecosistema personal de información que se crea a través de algoritmos que personalizan la información en función del conocimiento que el sistema adquirió sobre nosotros. Estos filtros burbuja son invisibles para nosotros y en consecuencia no elegimos verdaderamente lo que queremos ver. Pariser advierte sobre el peligro de filtrar las búsquedas o la información que recibimos ya que

> un mundo construido sobre la base de lo que nos resulta familiar es un mundo en el que no hay nada para aprender.[29]

Su preocupación va más allá de nuestra imposibilidad de adquirir conocimientos nuevos, y asegura que

---

29 Pariser, E. (2017). *El filtro burbuja: Cómo la web decide lo que leemos y lo que pensamos*. Barcelona: Penguin Random House. Pág. 24.

el filtro burbuja *"también puede afectar a nuestra manera de pensar"*.[30] Pero fundamentalmente, lo que más le preocupa son los riesgos que supone el filtro burbuja para la vida democrática:

> La democracia solo funciona si nosotros, en cuanto ciudadanos, somos capaces de pensar más allá de nuestro limitado interés personal. Pero para ello necesitamos tener una opinión generalizada del mundo en el que vivimos. Hemos de entrar en contacto con las vidas, necesidades y deseos de otras personas. La burbuja de filtro nos empuja en la dirección contraria: crea la impresión de que nuestro limitado interés personal es todo cuanto existe.[31]

Como consecuencia de este mecanismo de funcionamiento en el mundo digital, el usuario toma cada vez más distancia de aquello con lo que no coincide o simpatiza. Es cada vez más frecuente escuchar que alguien no puede entender cómo otra persona ve las cosas de manera tan distinta a su pensamiento, al que considera el único posible. El usuario inmerso en un filtro burbuja, en definitiva, solo consume más de lo mismo, lo que lleva a una pérdida del pensamiento crítico, y la imposibilidad del debate de ideas, diversidad o contraste.

Cajas de resonancia mediática o cámaras de eco

Las **cajas de resonancia mediática** o **cámara de eco** (*echo chamber*), son una descripción metafórica de lo que ocurre con la información, ideas o creencias que son amplificadas por transmisión[y repetición en un sistema o grupo de pertenencia cerrado, donde las visiones diferentes o que

---

30 *Op. cit.* Pág. 81.
31 *Op. cit.* Pág. 164.

compiten entre sí son excluidas, censuradas o están minoritariamente representadas.

Es cierto que, anteriormente, cuando solo nos informábamos a través de medios tradicionales, también elegíamos —de manera consciente o inconsciente— medios afines como un modo de validar nuestras ideas y miradas del mundo. Pero el panorama digital viene a profundizar esta característica, ya que los algoritmos pueden detectar tan eficazmente lo que pensamos y es afín a nosotros y a nuestros gustos, que ya no somos nosotros quienes elegimos las noticias, sino que estas nos eligen a nosotros. A este fenómeno se lo denomina la **noticia incidental**.

Hoy, muchas veces inconscientemente, le damos valor de verdad a la información en las redes sociales. Una misma opinión, generada por usuarios individuales y hasta por *bots*[32] o *trolls*[33], se lee infinidad de veces y esto la vuelve más verosímil. Hay una tendencia natural a creer más en las noticias que nos hacen llegar nuestros conocidos, aunque, como vimos anteriormente, simplemente sean los transmisores de una información que no generaron ni tampoco corroboraron como veraz.

Radicalización y polarización

Cuando estoy en mi filtro burbuja, solo escucho y doy por válida una forma de pensar, que es, precisamente, la mía. El problema que se crea entonces es el de la **radicalización del**

---

32 *Bots* —originario de robot— es un programa informático que ha sido desarrollado para realizar tareas de forma automática. Gracias a la Inteligencia Artificial pueden emular el comportamiento humano.

33 *Trolls*, en Internet, es una palabra que designa a una persona que aprovecha cualquier lugar en la Red en el que se puedan hacer comentarios para crear controversia y fomentar el enfrentamiento entre otros usuarios. Su objetivo es llamar la atención y molestar, ya sea por interés personal o por motivaciones comerciales.

pensamiento. Si solo escuchamos y validamos una forma de pensar y no la ampliamos ni la cuestionamos, tarde o temprano nuestro pensamiento se hace más extremo y perdemos capacidad crítica y de diálogo. De esta forma nos convertimos en ciudadanos intolerantes. Y cuando perdemos la tolerancia, los cimientos mismos de nuestra convivencia democrática comienzan a resquebrajarse. No nos atrevemos a desafiar nuestro propio pensamiento, tampoco ampliamos nuestra mirada ni la cuestionamos, y en consecuencia, se exacerba una manera de pensar que a su vez promueve la intolerancia como funcionamiento social.

La **radicalización** se refiere a la acción y efecto de adquirir posturas extremistas, desarrollar mayor intransigencia o fanatismo. A medida que se acrecienta la radicalización en un individuo o grupo, disminuye la capacidad de diálogo o las posibilidades de acuerdo. Cuando una persona está radicalizada solo se interesa en imponer su pensamiento, sin pensar en las consecuencias o aceptar las disidencias. No son fenómenos nuevos, siempre existieron, la diferencia es que hoy el potencial de impacto y crecimiento es difícil de dimensionar. Entonces, la radicalización preocupa porque está emparentada con muchos otros fenómenos negativos, como el odio y la discriminación, ya que deviene de la falta de comprensión y crece en forma desmedida.

La **polarización social** o **grieta** surge como consecuencia de la radicalización del pensamiento de los individuos y grupos que los representan. Una sociedad polarizada es aquella en la que se ha dado un movimiento importante de ciudadanos a posturas extremas y radicalizadas. Es una ruptura mayor de la opinión pública en grupos con mentalidad opuesta y con escasa probabilidad de diálogo, acercamiento o solución negociada y pacífica. Cuando el diálogo resulta prácticamente imposible, crece el odio sobre ese otro que no piensa igual.

Big data

El **big data** –conjunto de datos de un volumen tan grande, rápido y complejo que es difícil o imposible procesarlo con los métodos tradicionales– está destinado a ser una de las transformaciones más importantes en las próximas décadas. Cada día que pasa tenemos más capacidad para almacenar y procesar más y más cantidades de datos sobre los seres humanos y sus entornos. Estas enormes bases de datos resultan una herramienta muy valiosa en muchos sentidos. Por ejemplo, sirven para que las instituciones públicas provean servicios a la ciudadanía de manera más eficiente, para que un negocio sepa cómo vender mejor sus productos, o hasta para anticipar un próximo brote de Covid-19.

Sin embargo, quienes están a cargo de la generación y utilización de dichas bases de datos, muchas veces no son conscientes o no están capacitados para entender las consecuencias que una mala utilización de estas herramientas puede tener: acceso a la información privada de los ciudadanos sin previo consentimiento, discriminación, perfilamiento y estigmatización, entre otros.

Creo que es importante detenernos en estos últimos conceptos de perfilamiento y estigmatización. Definimos como **perfilamiento de los datos** a la revisión y análisis de conjuntos de datos para comprender su estructura e información. Este proceso permite identificar interrelaciones entre diferentes bases de datos y tendencias, y elaborar perfiles de usuarios. En otras palabras, es el tratamiento automatizado de datos personales e información que voluntariamente los usuarios han dado a conocer en línea. Se utiliza para evaluar ciertos aspectos del usuario y para poder analizar o predecir sus intereses y comportamiento. Es un proceso eficiente que tiene mucho sentido práctico. El problema surge en el alcance que le damos a este último aspecto del tratamiento automatizado de los datos al vincularlo con la acción de *predecir* nuestros comportamientos. Podríamos terminar preguntándonos si genuinamente actuamos de manera libre o debido al comportamiento que se predijo que tendríamos.

Los datos en los perfiles de usuarios pueden llevar a estigmatizar al individuo también en el espacio digital. La **estigmatización** se genera cuando se considera que una característica de una persona es algo negativo que lo convierte en inferior o excluido. Por ello, el sujeto estigmatizado puede ser discriminado. Una persona que es considerada diferente por una característica física o condición, por ejemplo, es etiquetada por esa diferencia y se enfrenta en consecuencia al rechazo social.

Así como nosotros podemos ser quienes tengamos acceso a datos de otras personas y contextos sociales, también estamos constantemente otorgando de manera voluntaria o involuntaria datos sobre nosotros mismos, nuestros gustos y preferencias. Esto nos torna más vulnerables a la manipulación, y lleva en última instancia a lo que la académica y escritora estadounidense Shoshana Zuboff cataloga como la creación por parte de las grandes plataformas digitales de nuestro **yo futuro**. Para ella, estamos en un círculo vicioso en el que lo que hacemos hoy crea la información que el sistema utilizará para influir en nuestros gustos, decisiones y preferencias *futuras,* dejándonos en una suerte de instancia de *manipulación disfrazada* ya que en el proceso nos sentimos libres. En otras palabras, no somos nosotros quienes desarrollamos nuestros gustos, preferencias o maneras de pensar de forma autónoma, sino que podrían estar influyendo directamente –y sin que podamos identificar correctamente en qué medida–, empresas como Google, Apple o Amazon. Zuboff va incluso más allá y desarrolla el concepto de la reivindicación del tiempo futuro como un derecho humano más, que es el **derecho al futuro**.

Si consideramos que pensamos, nos comportamos y tomamos decisiones según la información que consumimos, entonces nuestro **yo futuro** en el mundo digital se construye a partir de lo que aprende de nosotros el sistema y es esa información la que actúa en la creación y potenciación de lo que queremos y anhelamos tener o hacer. ¿Hasta qué punto somos dueños y tenemos control en la construcción de nuestro **yo futuro**?

Infocracia y dataísmo

Según el filósofo surcoreano Byung-Chul Han, los cambios trascendentales de los medios de comunicación conllevan el surgimiento de nuevos regímenes sociales. La era digital ha supuesto una profunda disrupción de la esfera pública, base de nuestras democracias tal y como fueron concebidas en los siglos anteriores. Para él, hoy los seres humanos vivimos en *infocracias* –así define a la crisis de la democracia, la cual atribuye al cambio estructural de la esfera pública en el mundo digital– en las que

> los políticos serán sustituidos por expertos informáticos que administrarán la sociedad más allá de los principios ideológicos e independientes de los intereses del poder.[34]

Él considera que en esta nueva versión de la democracia, si bien creemos que somos libres y creativos, vivimos presos y sometidos a las pantallas digitales.

Han afirma que:

> Solo la libertad de decir la verdad crea una verdadera democracia.[35]

Y destaca la importancia de la verdad en la desintegración social:

---

34 Han, B.-C. (2022). *Infocracia: La digitalización y la crisis de la democracia*. Barcelona: Penguin Random House. Pág. 63.

35 *Op. cit.* Pág. 87.

Sin la verdad la sociedad se desintegra internamente.[36]

En contraste con el pensamiento de Parisier que introdujimos anteriormente, el filósofo surcoreano no cree que solo los filtros burbujas están modificando el comportamiento social y destruyendo la democracia. Va más allá y sugiere que el proceso se desarrolla en la vida *offline*, en una creciente atomización y aumento del narcisismo en la sociedad que nos hace ignorar la voz del otro:

> Ya no nos escuchamos. Escuchar es un acto político, en la medida en que integra a las personas en una comunidad y las capacita para el discurso. La comunicación digital destruye la política basada en escuchar. Entonces solo nos escuchamos a nosotros mismos. Eso sería el fin de la acción comunicativa.[37]

Quizás no podamos saber cuánto influyen los filtros, los algoritmos y los sesgos en esta pérdida de pensamiento crítico y escucha en nuestra sociedad, porque la diferencia es difusa. Lo que está claro es que hoy ya no podemos diseccionar la vida offline de la digital.

La base que da vida y alimenta a la infocracia es el *dataísmo*: la tendencia a creer que los datos son divinos y que las tecnologías emergentes nos permitirán solucionar todos los problemas de la humanidad, sin necesidad alguna de democracia de partidos, y más aún, de la política.

Para los dataístas, lo único que cuenta es un intercambio eficaz de información entre unidades funcionales que garantiza un mayor beneficio.

> La política y la gobernanza son sustituidas por la planificación, el control y el condicionamiento.[38]

---

36 *Op. cit.* Pág. 84.
37 *Op. cit.* Págs. 54-55.
38 *Op. cit.* Pág. 68.

La democracia cede al avance de una infocracia basada en datos y preocupada por optimizar el intercambio de información.

¿Les damos a los datos un lugar que no tienen ni pueden tener en sí mismos? ¿Perdimos la capacidad de diálogo y la empatía? ¿Solo pensamos en nosotros mismos? ¿En qué lugar quedan la sociedad y el otro?

Es tiempo de hacernos estas preguntas seriamente, antes de que no sepamos cómo contestarlas.

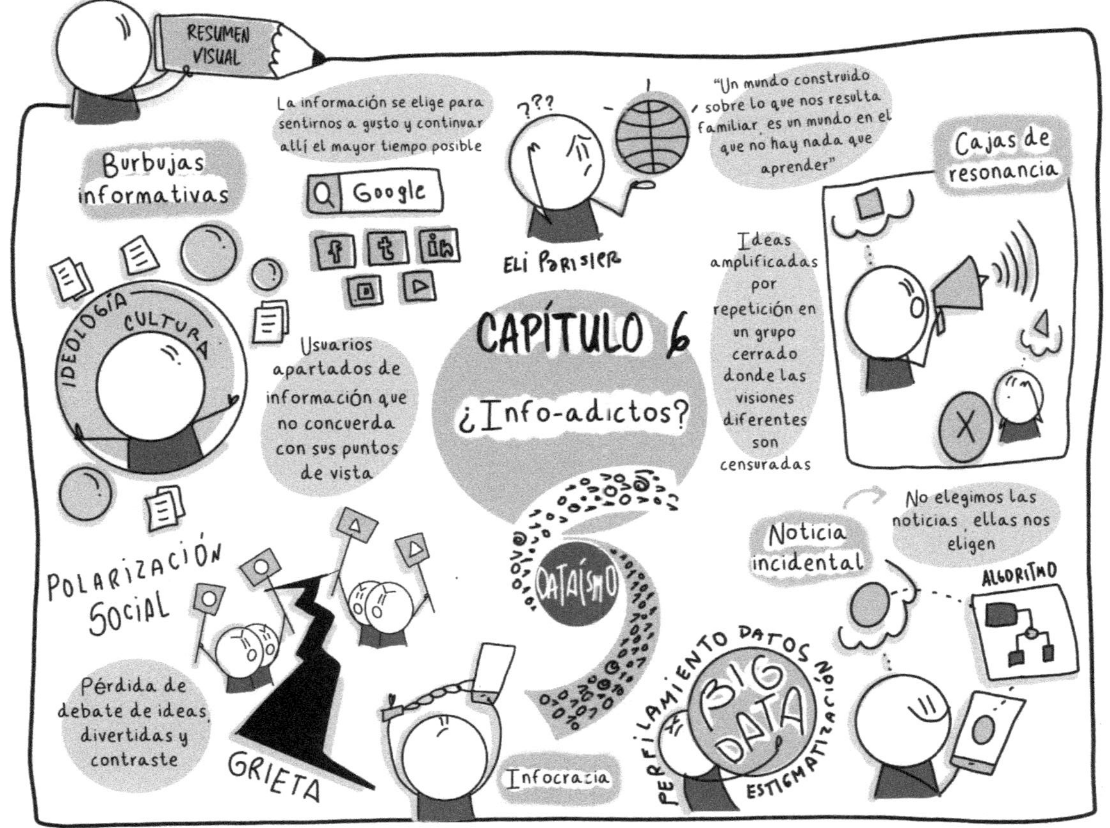
RESUMEN VISUAL
Burbujas informativas
La información se elige para sentirnos a gusto y continuar allí el mayor tiempo posible
Google
???
ELI PARISIER
"Un mundo construido sobre lo que nos resulta familiar, es un mundo en el que no hay nada que aprender"
Cajas de resonancia
Ideas amplificadas por repetición en un grupo cerrado donde las visiones diferentes son censuradas
IDEOLOGÍA
CULTURA
Usuarios apartados de información que no concuerda con sus puntos de vista
CAPÍTULO 6
¿Info-adictos?
DATAÍSMO
No elegimos las noticias, ellas nos eligen
Noticia incidental
ALGORITMO
POLARIZACIÓN SOCIAL
Pérdida de debate de ideas, divertidas y contraste
GRIETA
Infocracia
PERFILAMIENTO DATOS NOTICIAS
BIG DATA
ESTIGMATIZACIÓN

Inteligencia digital (DIQ): las habilidades que debemos desarrollar

Cada vez que, en mis charlas sobre consumo de información, pregunto si alguien se siente alfabeto digital, me dicen que sí. Entonces trato de ahondar un poco más sobre qué significa para cada uno este concepto y la respuesta suele ser: "sé usar perfectamente las herramientas y aplicaciones de los celulares: *Zoom, Meet, Word, Excel, Google drive, Canva, Twitter, YouTube*", entre tantas otras. El problema es que saber usar las herramientas digitales no nos convierte en alfabetos. El concepto de **alfabetización digital** se refiere a las habilidades que debemos desarrollar para poder desarrollarnos de manera inteligente en el mundo digital entendiendo las consecuencias que un uso incorrecto puede tener sobre nuestras vidas.

Entre las habilidades que nos convierten en alfabetos digitales y definen lo que hoy llamamos **inteligencia digital**, podemos encontrar las siguientes:

- **Identidad digital**: Se trata de la capacidad para construir y gestionar una identidad sana y congruente online y offline con integridad. Ya sea como ciudadanos, emprendedores o co-creadores digitales.

- **Gestión del tiempo digital**: Es la capacidad para gestionar el tiempo en pantalla, el *multitasking* y la participación en juegos *online* y redes sociales con autocontrol. Es la búsqueda de un balance saludable en nuestras vidas, entre nuestra vida virtual y no virtual.

- **Gestión del ciberacoso**: Capacidad para detectar situaciones de acoso en línea o virtual, tales como el *grooming*[39] y *ciberbullying*[40], y poder manejarlas con criterio. Esta capacidad no es solo para defendernos a nosotros sino también para evitar y/o denunciar las mismas situaciones ejercidas sobre los demás. El ciberacoso abarca los riesgos de acoso en línea ya sean por conductas hacia otro, por contenidos o por forma de contacto que establezcamos con otro usuario digital. Gestión tan poco desarrollada que las regulaciones estatales aún no la han abordado adecuadamente en todo el mundo y se está avanzando lentamente hacia la tipificación.

- **Gestión de la ciberseguridad**: Es la capacidad para proteger los datos propios mediante la creación de contraseñas seguras y para gestionar los ciberataques como el *SPAM*[41], el *SCAM*[42], el *phishing*[43] y los riesgos

---

39 *Grooming*: Acoso sexual virtual que se realiza a un menor de edad.

40 *Ciberbullying*: Se produce cuando un niño o adolescente es molestado, amenazado, acosado, humillado, o avergonzado en línea.

41 *Spam*: Correo electrónico no solicitado que se envía a un gran número de destinatarios con fines publicitarios o comerciales.

42 *Scam*: Son las estafas por correo electrónico en las que los hackers intentan obtener dinero engañando a los usuarios.

43 *Phishing*: Estafa que tiene como objetivo obtener a través de Internet datos privados de los usuarios, especialmente para acceder a sus cuentas o datos bancarios.

en línea ya sea por una conducta nuestra, un contenido o un contacto que establezcamos.

- **Gestión de la privacidad**: Se trata de la capacidad de entender y defender los derechos digitales –como la libertad de expresión, propiedad intelectual y privacidad– de manera tal que permita manejar con discreción toda la información personal compartida *online* para proteger la privacidad propia y la de los demás.
- **Gestión de la huella digital**: La huella digital es el rastro que dejamos al navegar en Internet. Cada clic, *me gusta* o comentario en las redes sociales, o cada vez que usamos una aplicación en el celular o computadora, dejamos información personal. Los datos que genera toda esa actividad en el mundo digital son nuestras huellas digitales. Por ello es necesario desarrollar la capacidad de comprender el alcance y naturaleza de lo que hacemos en el universo digital y sus consecuencias en la vida real para poder gestionarlas responsablemente. Esta capacidad incluye la interacción, colaboración y comunicación en línea.
- **Empatía digital**: Es la inteligencia emocional que toma en cuenta las necesidades y sentimientos propios y ajenos en línea. Implica poder manejar mis emociones conscientemente y crear relaciones sanas y valiosas en línea.
- Finalmente, hay una que es particularmente importante y es la que está vinculada al pensamiento crítico. El **pensamiento crítico** se refiere a la utilización de los datos objetivos y hechos reales para poder formar un juicio libre de sesgos y enfocado en el método científico, a nuestra capacidad para distinguir entre la información verdadera y la falsa, los contenidos buenos y los perjudiciales y los contactos fiables y los dudosos en Internet. Desarrollar pensamiento crítico con respecto al uso y a la implementación de

las herramientas que ofrece el mundo digital implica, entre otras cosas, poder reconocer los sesgos a los que estamos expuestos constantemente. Pero también entender cómo funciona nuestro pensamiento y cómo podemos incluso no percibir la diferencia entre realidad y ficción fácilmente. Y en especial, cómo debemos informarnos para una mejor toma de decisiones. A esta categoría algunos la llaman **alfabetización informativa digital** y hablaremos de ella más en profundidad en el próximo capítulo.

Ambas formas de alfabetización, tanto la digital como la informativa, serán indispensables para poder funcionar como individuos independientes y con autonomía sobre nuestras decisiones y comportamientos. Hoy en día se habla de la transformación de las empresas, de los procesos y los negocios a la vida digital. Propongo que nosotros hablemos de nuestra propia transformación/adaptación y de cómo no perdernos como individuos libres en esta experiencia que nos atrapa y encandila en un solo clic.

INTELIGENCIA DIGITAL

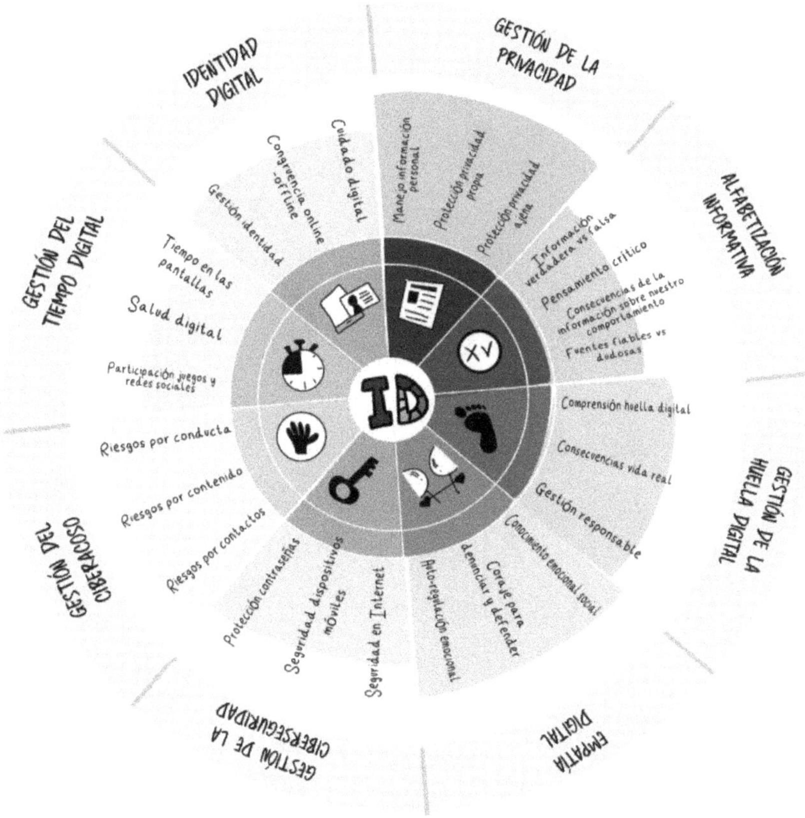

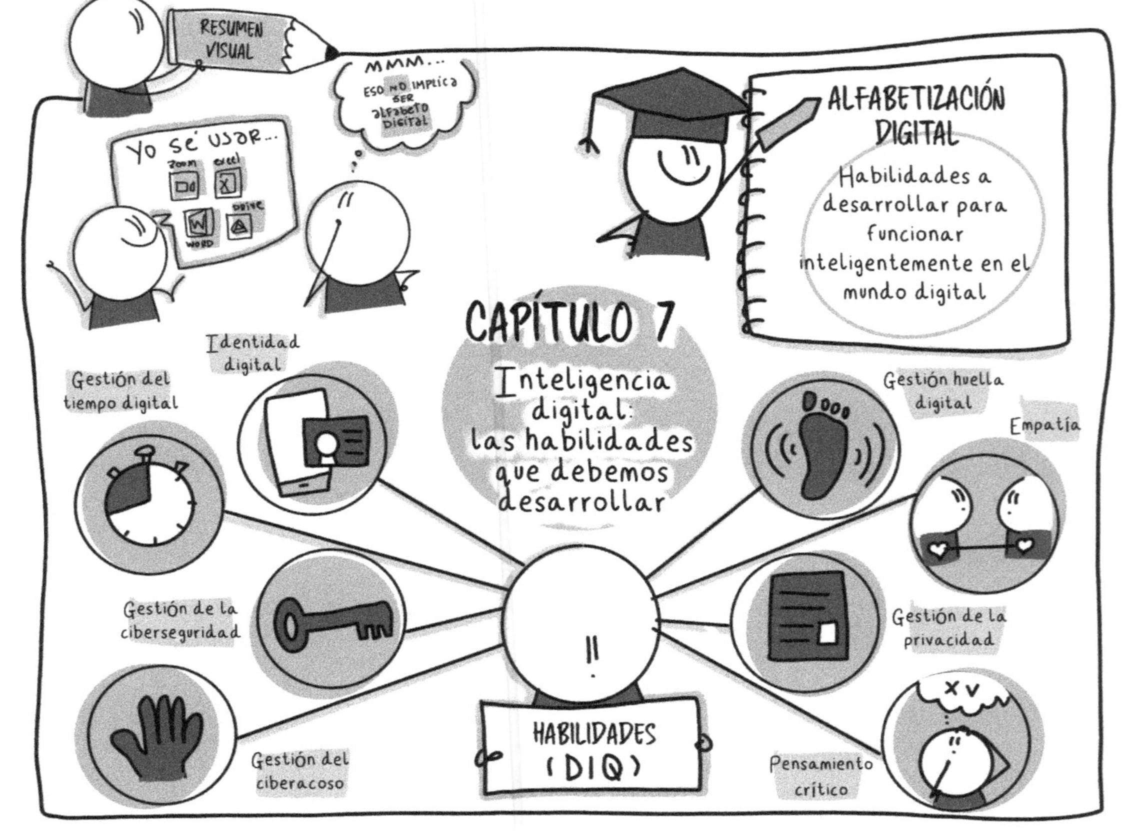
RESUMEN VISUAL
MMM...
ESO NO IMPLICA SER alfabeto DIGITAL
Yo sé usar...
ALFABETIZACIÓN DIGITAL
Habilidades a desarrollar para funcionar inteligentemente en el mundo digital
CAPÍTULO 7
Inteligencia digital: las habilidades que debemos desarrollar
Identidad digital
Gestión del tiempo digital
Gestión huella digital
Empatía
Gestión de la ciberseguridad
Gestión de la privacidad
Gestión del ciberacoso
HABILIDADES (DIQ)
Pensamiento crítico

Alfabetización informativa.
Cómo informarnos conscientemente y elegir nuestro menú informativo

Todos tenemos un repertorio de noticias al que podemos definir como nuestro **menú** o **dieta informativa**. Nadie lee todos los diarios, mira todos los canales de noticias, escucha todas las emisoras de radio o sigue todo lo que se publica en las redes sociales. Es importante detenernos un momento a pensar en cómo nos informamos y ser conscientes de ello, especialmente hoy, cuando existe tanta oferta de contenidos y de espacios donde encontrarlos. Porque, según ya comentamos, así como nos nutrimos con alimentos, nuestro pensamiento, nuestras opiniones, sesgos y hasta nuestra visión del mundo, se nutren de la información que consumimos. La forma en que consumimos la información crea y tiene consecuencias sobre nuestro comportamiento. Pero, si la desinformación o la mala información nos hacen vulnerables, nos permiten ser manipulados y nos enferman, la información, cuando es correcta, nos empodera y nos permite tomar mejores decisiones.

Las **dietas informativas** se componen de **contenidos**, **canales de comunicación** y **fuentes**. Los contenidos pueden ser datos, hechos, conceptos, comentarios u opiniones. Los canales de comunicación son los diferentes soportes que transmiten el contenido. Las fuentes son el origen de dicho contenido, que implícitamente nos da a conocer la metodología con la que se lo trabajó. Las fuentes pueden ser también canales, por ejemplo, si leo o miro noticias de un medio accediendo directamente a su versión digital. Resulta clave distinguir estos conceptos y, a la vez, entender qué tipo de contenido estamos consumiendo. ¿Se trata de hechos u opiniones? Y si son hechos, ¿qué tipo de hechos? ¿Hemos confundido fuentes con canales? ¿Son las fuentes en tal caso reales medios de comunicación? ¿Pensamos racionalmente qué información consumimos?

En su libro *The information diet, a case of conscious consumption*, Clay A. Johnson describe cómo nos afecta la dieta informativa actual haciendo una clara comparación con la evolución de la nutrición desde el siglo pasado. y asegura:

> Cuando comenzamos a mirar el consumo de información a través de la lente de una dieta y asumimos la responsabilidad de la información que estamos consumiendo, las cosas comienzan a ponerse realmente aterradoras. Las dietas de información deficiente y los filtros deficientes son responsables de cosas realmente atroces y tienen efectos sociales horribles que son, como la historia sugiere, tan mortales como la peor de nuestras enfermedades.[44]

Según Johnson, una dieta informativa saludable implica consumir menos información sobre-procesada, para evitar lo que él considera como obesidad informativa.

---

44 Johnson, C. A. (2015). *The information diet: A case for conscious consumption*. Sebastopol, CA: O'Reilly Media, Inc. Pág. 119.

Como consumidores de información, podríamos dividir nuestro comportamiento en tres grandes categorías:

1. **Consumidor informado conscientemente:** Para estar bien informados o con consciencia de lo que consumimos y sus consecuencias posibles, hace falta saber procesar bien la información, conocer los medios que la propician, saber cómo funcionan y su nivel de compromiso profesional, elegir los que más nos interesan y reivindicar una información de calidad que muchas veces se deberá pagar. Tiene sentido hacerlo si quiero calidad y tener control sobre cómo me informo. Me gustaría detenerme en esta idea ya que la vida digital puede crear confusión en torno a la pregunta de si debemos pagar por lo que consumimos o no. Como ya comentamos, la calidad de la información es fundamental, entonces vale la pena asegurarnos a través de un precio la calidad pretendida. Esta relación debe ser evaluada seriamente por cada uno de nosotros. El trabajo profesional lleva tiempo y tiene un costo, no podemos pretenderlo gratis. En tal caso, debemos ser conscientes de que, si el contenido es gratuito, probablemente estamos perdiendo algo, ya sea en términos de calidad o de privacidad. ¿Cómo podemos saber si nos estamos informando conscientemente?. Un buen indicio de esto es que al informarnos de manera consciente solemos estar incómodos, porque consumir no solo lo que nos es afín a nuestro pensamiento, sino también aquello distinto a cómo pensamos, nos inquieta y nos desafía. Despierta nuestro sistema 2 de pensamiento, el analítico. El pensamiento crítico requiere del pensamiento analítico.

2. **Consumidor informado incidentalmente:** Esto sucede cuando recibimos la información de forma

fortuita, normalmente debido al funcionamiento de los algoritmos y los sistemas que buscan darnos confort. En este caso no tengo control ni tampoco puedo entender por qué me llegó cierta información, aun cuando siento que fue bien elegida. Aquí se acude al sistema 1 de nuestro pensamiento, el automático.

3. **Consumidor radicalizado:** Cuando la falta de control sobre lo que consumimos nos lleva a desarrollar posturas y opiniones intransigentes o extremistas. Al consumidor radicalizado solo le interesa lo que confirma su manera de ver las cosas. En este caso, la información nos atrapa en un proceso que lleva a una mayor intransigencia o fanatismo. No vemos o no recibimos información más allá de lo que asumimos como creencia. Al igual que en el caso anterior, se pone en funcionamiento el sistema 1 de nuestro pensamiento, el automático. A esta categoría Johnson la define como *obesidad informativa.*

¿De qué depende que podamos decidir en qué tipo de categoría de consumidor de la información queremos estar? De tomar consciencia, de asumir que debemos tener control y elegir nuestro menú informativo, y de poder diferenciar los contenidos para ello debemos comenzar a hacernos preguntas.

Las preguntas básicas

El primer paso hacia una dieta informativa consciente implica repasar siempre **las tres preguntas básicas** que tenemos que hacernos frente a cualquier contenido: **quién lo dice, qué dice** y **para qué lo dice**.

Estas tres preguntas, aunque pueden parecer demasiado simples, son esenciales para poder determinar frente a qué tipo de contenido estamos, si se trata de un contenido en el que podemos confiar o si deberíamos dudar del mismo. Cuando nos hacemos estas preguntas, utilizamos nuestro sistema analítico, entonces cambia completamente la reacción automática que podríamos tener ante una determinada información. Siempre debemos recordar que los contenidos nos llegan para que nos sintamos confortables y prolonguemos nuestro tiempo en el espacio digital en el que nos encontremos. La intención no es informarnos sino entretenernos. Entonces, ¿por qué deberíamos nosotros considerar que nos informamos de esta forma?

También debemos tener presente que, debido al aprovechamiento de los sesgos por parte de las empresas tecnológicas, dichos contenidos producirán diferentes tipos de reacciones, involuntarias para nosotros, si solo usamos nuestro pensamiento automático y no pensamos desde el analítico. Muchas veces, escucho a usuarios que dicen *"no sé por qué lo hice". "Un impulso me llevó a reaccionar de tal o cual modo, pero después me quedé con dudas sobre los motivos reales de mi comportamiento*". A veces hasta reaccionamos con un comentario desagradable, con enojo, compulsión por comprar o consumir algo. Todo puede entrar en el repertorio de reacciones posibles, siempre y cuando deleguemos el control de estas. ¿Es acaso lo que queremos hacer?

Siguiendo con las preguntas que nos debemos hacer, la **primera pregunta** (¿Quién lo dice?) nos permite abordar la fuente. ¿Quién produce o escribe el contenido? Nos preguntamos si se trata de un desconocido, un medio profesional, un periodista reconocido, un influencer, o un experto (y en este último caso, considerando su temática de conocimiento para discernir si es experto en aquello de lo que habla). La fuente, ¿es directa o indirecta? Estamos ante un contenido cuya **fuente** es **directa** cuando, por ejemplo, la víctima de un accidente explica lo que sucedió. En cambio, estamos ante una **fuente indirecta** cuando lo sucedido es comentado o referenciado en un medio por un tercero. Y si estamos ante una fuente indirecta, ¿estamos seguros de que podemos confiar en dicha fuente?

En otros casos, puede darse la situación de que se trate de una **fuente desconocida** para nosotros, pero que nos da la sensación de que es importante y que por ende deberíamos confiar en ella. Cuando así sea, deberemos indagar un poco más para entender si podemos considerarla como válida. Durante la pandemia del Covid-19, vimos a menudo que en los medios de comunicación aparecían expertos o médicos opinando sobre lo que estaba sucediendo, y solo porque nos mostraban sus números de matrícula debíamos confiar en la información que transmitían, cuando en realidad muchas veces estaban equivocados. Entonces, de nuevo, ¿debemos confiar realmente en todas las fuentes que se nos presentan como personas "que saben"?

La pregunta sobre quién lo dice también nos permite abordar la diferencia entre fuente y canal de transmisión. Muchas veces confundimos fuentes con canales y, sin embargo, son dos cosas muy distintas. Hoy en día es muy común escuchar a personas que dicen que leyeron tal o cual información en Facebook (hoy Meta). Pero debemos tener en claro que Facebook no es una fuente de información, sino únicamente el canal mediante el cual recibo dicha información. Si leemos algo en Facebook, tenemos que preguntarnos siempre quién dice lo que estoy leyendo y quién generó ese contenido.

Con la **segunda pregunta** (¿Qué dice?) podemos diferenciar el tipo de contenido que consumimos. ¿Se trata de una opinión, información, datos, investigación, simple comentario, análisis, hechos o relato? Quizás en una misma pieza hasta podamos encontrar una mezcla de todo esto. Lo importante es tener claridad sobre lo que estamos consumiendo.

La **tercera pregunta** (¿Para qué lo dice?) nos hace pensar en la intención detrás del contenido. Esta puede ser informar, entretenernos, vendernos un producto o servicio puntual, o crearnos una necesidad. Un ejemplo de información que busca crear una necesidad podríamos encontrarlo en el caso típico en el que un laboratorio desarrolla una nueva droga que está a punto de lanzarse al mercado, pero como el público general desconoce la enfermedad a la que va a curar, comienza a aparecer información sobre dicha enfermedad. La intención es poder ofrecer la droga como solución. Otras intenciones podrían ser confundir, desinformar, e incluso destruir reputación o realizar una acción maliciosa sobre algo o alguien.

Cuando entendemos las características del contenido que tenemos frente a nosotros podemos actuar sobre el mismo sabiendo que, por acción u omisión, siempre estamos dando una opinión sobre los mismos. Por ejemplo, cuando reenviamos un contenido a un amigo o familiar, la persona que recibe el contenido siente que de alguna manera lo hemos validado, y allí nos convertimos involuntariamente en fuente de esa información. Al mismo tiempo, si estoy ante un contenido del que estoy segura que es falso o incorrecto, debo denunciarlo, no dejar que siga activo sin advertirlo. En general, las plataformas digitales y los sitios web suelen contar con la opción de denunciar, incluso hay organismos de gobierno que también ofrecen esta posibilidad. Siempre que estemos frente a algo que sabemos es incorrecto deberíamos informar. Pero es importante tener certezas, para evitar seguir sumando confusión. Lo mismo si un conocido nuestro nos hace llegar un contenido que es falso o engañoso, debemos hacérselo saber y ayudarlo a dejar de propagarlo.

Más allá de las preguntas básicas que tenemos que hacernos siempre frente a cualquier contenido, también vale la pena tener presente e internalizado cómo funciona el denominado **periodismo ético.** Aunque no existe un único código de conducta entre periodistas, la Red de Periodismo Ético (EJN) ha identificado cinco valores o principios que hacen al periodismo ético:

1. **Verdad y Precisión**
   El periodista no siempre puede garantizar la *verdad*, pero sí debe esforzarse por presentar los hechos con exactitud. Siempre debe buscar la precisión, dar a conocer todos los hechos pertinentes a cuya información ha accedido y garantizar que han sido verificados. Cuando no pueda corroborar la información, deberá darlo a conocer.

2. **Independencia**
   El periodista debe ser una voz independiente, no debe actuar, formal o informalmente, en nombre de intereses específicos, ya sean políticos, empresariales o culturales. Debe dejar claro ante los editores y audiencia cualquier afiliación política, financiera u otra información personal que pueda constituir un conflicto de intereses.

3. **Equidad e Imparcialidad**

   Si bien no hay obligación de presentar todos los puntos de vista que tiene una historia o nota periodística, estas deben ser equilibradas y presentadas con contexto. La objetividad no siempre es posible, y puede no ser siempre deseable (al narrar, por ejemplo, actos de extrema brutalidad o crueldad), pero informar imparcialmente genera credibilidad y confianza.

4. **Humanidad**

   Los periodistas no deben dañar a nadie. Lo que publiquen puede ser hiriente, pero deben ser conscientes del impacto de sus palabras e imágenes en las vidas de los demás.

5. **Responsabilidad**

   Una señal segura de profesionalismo y periodismo responsable es la capacidad de asumir la propia responsabilidad. Cuando se cometen errores, deben corregirse y ofrecerse disculpas a quien corresponda. Las disculpas deben ser sinceras, no cínicas. Se deben escuchar las preocupaciones de la audiencia.

Una buena manera de entender si estamos ante un contenido fiable o no es intentar identificar, tanto en la fuente como en el contenido, la presencia o no de estos cinco principios. Si creemos que todos, o al menos la mayoría de ellos, caracterizan al contenido que estamos consumiendo, posiblemente estemos frente a una información realmente profesional.

Luego de evaluar el contenido frente a los principios del periodismo ético, proponemos preguntarnos **qué sesgos cognitivos** pueden haber **influido en la información** que recibimos. Los sesgos pueden presentarse en diversas formas. Pueden ser parte de la plataforma que nos acerca el contenido, pueden estar incorporados en el contenido o incluso pueden actuar sobre nuestros propios sesgos. Dicho de esta forma parece muy difícil, pero a partir de conocer los sesgos y de entender cómo funcionan, comenzamos a descubrirlos en conductas nuestras y de los otros. Se torna más sencillo con la práctica, porque al estar entrenados resulta casi natural verlos. Los sesgos difíciles de descubrir para nosotros los usuarios, son aquellos que están bien ocultos porque forman parte de un algoritmo del que desconocemos funcionamiento e intencionalidad. Algo difícil de manejar y regular. En este sentido, es importante estar atentos a nuestro comportamiento y pensar hasta donde está siendo manipulado o es genuino.

Finalmente, como última instancia de cuestionamiento, **investigar y buscar entender mejor**, **ser flexibles**, **buscar evidencias** y, como norma, siempre, explorar, explorar y explorar.

Según Olga Yurkova

> la manipulación siempre es sexy, (y) está diseñada para cautivarnos. Investiguen ustedes mismos. Revisen otros sitios. Busquen fuentes de noticias alternativas. Busquen nombres, direcciones, matrículas, expertos y ofertas en Google. No crean solamente, verifiquen. Es la única forma de frenar esta cultura de noticias falsas.[45]

Los hechos probados, las fuentes certeras, el trabajo profesional, nos permitirán entender si estamos frente a algo verdadero. Pero la información tiene que ser de calidad, tiene que ser demostrable. Y frente a la información de calidad debemos ser flexibles. La flexibilidad es una condición fundamental para todo aprendizaje, es la que nos permite no solo adquirir nuevos conocimientos, sino también sorprendernos y poder cambiar de opinión cuando entendemos que estamos equivocados.

---

45 Yurkova, O. (2018). *La lucha subyacente contra el imperio ruso de noticias falsas* [Video]. Conferencias TED en https://www.ted.com/talks/olga_yurkova_inside_the_fight_against_russia_s_fake_news_empire?language=es

La trampa de las cookies

Antes de avanzar en los menús informativos, quiero detenerme en un aspecto que solemos pasar por alto pero que sin embargo es una parte fundamental de nuestra inteligencia informativa. Lo que yo llamo *la trampa de las cookies*. Una trampa en la que caemos y en la que permanecemos sin pensarlo y que debemos ver cómo enfrentar de una u otra forma.

Las llamadas *cookies digitales* tienen su origen en el año 1994, en el navegador Netscape, y desde entonces se han convertido en una poderosa herramienta para rastrear a los usuarios de Internet. ¿Cómo funcionan? Cada vez que entramos en un sitio web, se generan archivos de texto con la información que se obtiene de nuestra actividad y comportamiento, estos archivos se envían al navegador –Google Chrome, Safari, Mozilla Firefox, entre otros– con el fin de almacenar datos que ayudan a mejorar nuestra experiencia de navegación. Este mecanismo se utiliza en la mayoría de los sitios web y forman parte del uso de Internet en la actualidad, motivo por el cual ha habido diversas directivas en pos de controlar y legislar el uso que se hace de ellas.

En 2002, la Unión Europea (UE) reguló el uso de las cookies digitales. La llamada *ley de cookies de la UE* se ocupa básicamente de lo que nosotros, como usuarios, le permitimos hacer a la página web, empresa y proveedor de servicios, con nuestros datos digitales. Qué pueden y qué no pueden hacer sin nuestro consentimiento, con qué propósitos y de qué forma. Desde entonces, diferentes países han regulado en forma similar el uso de las cookies en Internet.

El problema con las cookies y los contratos de adhesión de sitios, servicios o aplicaciones digitales –los llamados *Términos y Condiciones*– es que las regulaciones, sumamente necesarias, requieren no solo del interés y compromiso de los usuarios, sino también de su tiempo, y en este sentido, terminan actuando como una verdadera trampa. ¿Por qué una trampa? Porque está comprobado que son muy pocos los usuarios que le dedican el tiempo necesario a leer los *Términos y Condiciones* de cada sitio web o plataforma digital a la que acceden. Por lo demás, en muchos casos, estas cookies o los términos y condiciones se presentan de tal forma que, si el usuario no las acepta, muchas veces no puede continuar en el sitio web en el que se encuentra, o bien pierde muchas de las funcionalidades de dicho sitio. Aún para los usuarios informados y preocupados por estos temas, el tiempo que puede llevar leer cada política de privacidad y uso de cookies en detalle es tan excesivo, que muchas veces se pierden en el intento.

En *La era del capitalismo de la vigilancia*, Shoshana Zuboff se detiene ampliamente en este problema:

> Un estudio con 543 participantes familiarizados con las cuestiones jurídicas relacionadas con la vigilancia y la privacidad, nos reveló que, cuando se les pedía que se registren en un nuevo servicio en línea, un 74% optaba por el procedimiento de registro rápido, saltándose el acuerdo de términos de servicio y la declaración de política de privacidad. Los investigadores calcularon que aquellos documentos precisaban, al menos, cuarenta y cinco minutos de lectura para una comprensión adecuada, pero la media de tiempo que dedicaron a ello quienes sí optaron por mirar los acuerdos fue solo de catorce minutos.[46]

Como no lo vemos, creemos que no existe ningún problema. Sin embargo, conocer qué quiere saber de nosotros el sitio web o la plataforma digital en la que me encuentro,

---

46 Zuboff, S. (2018). *La era del capitalismo de la vigilancia: La lucha por un futuro humano frente a las nuevas fronteras del poder*. Ciudad Autónoma de Buenos Aires: Paidós. Pág. 321.

cómo y cuándo lo sabe –¿solo cuando estamos en línea o siempre?–, qué puede hacer con esa información y quién decide sobre ella, son preguntas que todos nos deberíamos hacer. Puede que no tengamos tiempo, pero siempre podemos "no aceptar".

Menú informativo, el pensamiento diario

Todos y cada uno de nosotros tenemos que **crear y organizar nuestro menú informativo.** La base de un buen menú informativo está en la variedad, en la capacidad de ampliar nuestra mirada, de sorprendernos y de poder cuestionar nuestra propia manera de ver las cosas. De esta forma, nos aseguramos de estar bien informados, nos tornamos más tolerantes e inclusivos, y reducimos la posibilidad de convertirnos en lectores o consumidores radicalizados.

En *Pensar con otros*, Guadalupe Nogués escribe:

> Tenemos que entrenarnos en flexibilidad para pensar, y pensar otra vez, si hace falta. Flexibilidad para depositar nuestra confianza en ciertos lugares, y cambiar si vemos que nos equivocamos. Flexibilidad para poder hacer introspección y entender qué nos pasa, analizar nuestros conocimientos, nuestras dudas, nuestras creencias, nuestros deseos. Flexibilidad para tomar decisiones con toda la información que tengamos, aun cuando, como sucede la mayoría de las veces, no es suficiente. Flexibilidad también para cambiar de postura cuando sepamos más.[47]

Cuando hacia finales de los años '90, fundé Global News Group, empresa de seguimiento y análisis de noticias publicadas en medios, entendí que la información en sus nuevos

---

47 Nogués, G. (2018). *Pensar con Otros: Una guía de supervivencia en tiempos de posverdad.* Buenos Aires: El Gato y la Caja. Pág. 122-123.

formatos iba a abrumarnos a todos en poco tiempo. Esto debido al exceso de contenidos y la incapacidad de diferenciarlos, clasificarlos y procesarlos rápidamente, a menos que contáramos con la tecnología necesaria para hacerlo. Por ello, el servicio que comenzamos a ofrecer tenía un primer paso en el que se clasificaban las fuentes, se categorizaba el tipo de contenido y la temática de los mismos, y se agrupaban para darlos a conocer a los clientes, a partir de las necesidades que tenían, y que nos habían comunicado previamente. El resultado fue la confección de *menúes informativos a medida*. Cada menú contenía las noticias que, de acuerdo con el interés del cliente, creíamos que no podía dejar de leer. Por ese entonces, me preguntaba si armando un menú para nuestros clientes, no estaríamos llevándolos a perder pensamiento crítico y capacidad de sorpresa y flexibilidad. Sin embargo, con el tiempo, comprendí que no, que no estábamos limitando su mirada, sino todo lo contrario, porque nosotros no veníamos a reemplazar a las fuentes de información que cotidianamente consumían, sino que simplemente acercábamos lo que debían leer si tenían interés en un tema específico o actividad, porque cada uno además tendría sus propias formas de informarse más allá de su actividad, su menú personal.

Siempre me había gustado que los medios me ofrecieran información más allá del propio interés y de esa forma encontrar nuevos intereses o evolucionar los que ya tenía y no perder la capacidad de asombrarme. Con el tiempo, además, entendí que cuanto mejor seleccionada y más variada la información, y mejor cuidadas las fuentes, casi sin quererlo vamos adquiriendo la capacidad de discernir rápidamente sobre las fuentes y la calidad de sus contenidos. Es a esto a lo que me refiero cuando hablo de conformar nuestro **menú informativo**. Es importante que sepamos que se trata de un **proceso consciente**, no de algo que podamos dejar librado al azar.

Cada uno de nosotros tiene que poder armar su propio menú informativo. La pregunta inevitable que surge entonces es cómo hacerlo. ¿Qué debemos considerar para crearlo? ¿Cómo evitar que el menú se convierta en nuestra propia burbuja?

Vamos por partes. Lo primero es entender **qué información necesitamos** para nuestra actividad y nuestros intereses. Luego, debemos pensar de dónde podría provenir aquello que tiene capacidad de modificar las reglas de juego vinculadas con nuestra actividad o interés y que debe ser considerados inmediatamente por nosotros. Por ejemplo, nuevas regulaciones o cambios en la economía o en condiciones sociales que se anuncien o se estén gestando y que de ocurrir podrían modificar completamente los escenarios que nos afectan. Imaginemos que tenemos una industria que depende de una materia prima específica, cuyo valor se maneja por un precio internacional que en general depende de la oferta del mismo en determinado momento. Para ello, existen ciertas señales y circunstancias que con antelación nos pueden permitir adelantarnos a la variación del precio y la oferta que tendremos de dicho material. Asimismo, estar atentos nos permite entender si podría aparecer algún sustituto del mismo en algún lugar del mundo o incluso una regulación internacional o local que podría limitar su uso o traer como consecuencia una variación en su precio que afectaría nuestro negocio. Como ejemplo, quienes producen derivados de leche están atentos a lo que afecta la producción en los mayores países productores, si hay sequía saben anticipadamente que habrá escasez y que eso impactará indefectiblemente en el precio.

Ahora bien, si pensamos en diversidad además de calidad, tan importante como definir los intereses es definir cómo incorporar aquello que **no es afín** a nuestro pensamiento. Solemos tender automáticamente a preferir lo que nos hace sentir más a gusto. Esto, que es bueno para evitar entrar en conflicto y nos alivia la vida, no es tan bueno para nuestro pensamiento. Necesitamos generar pensamiento crítico y esto solo lo podemos encontrar explorando y analizando, nunca de manera automática. Entonces, debemos buscar incorporar fuentes de información y espacios o grupos afines y no afines, en proporciones similares.

Otro aspecto a considerar es el alcance geográfico de la información, para no terminar creyendo que lo que sucede en donde vivimos es lo único o lo más relevante que ocurre en el mundo. Dicho de otro modo, no solo leer lo que ocurre en mi pequeño metro cuadrado o en mi país, sino también abrirse a otras regiones. Cuando nos abrimos a otras geografías, también nos abrimos a otros problemas y soluciones, a otras culturas y formas de abordaje y pensamiento, lo cual nos abre nuevas perspectivas sobre nuestros propios problemas.

Luego, debemos definir cuáles son las fuentes relevantes en las que confiamos por su metodología de trabajo y reputación profesional, aquellas que vamos a seguir. Y aquí también, considerar lo que llamo **la regla del afín/no afín**.

Con el tiempo, este proceso se hará natural para nosotros. Entonces, será tiempo de revisarlo nuevamente. Cada vez que nos sintamos muy cómodos con la información que consumimos deberemos preguntarnos si no hay que modificar algo del menú. Porque pensar críticamente no es confortable ni cómodo, más bien nos incomoda porque sorprende y cuestiona.

Veamos en forma gráfica cómo podríamos armar nuestro menú informativo.

Imaginar que las noticias podrían tener etiquetas nutricionales

En 2011, Matt Stempeck, asistente de investigación en el Centro de Medios Cívicos del Instituto de Tecnología de Massachusetts (MIT), se preguntó: "*¿Qué pasaría si tuviéramos una etiqueta nutricional para las noticias?*"[48] Aunque no se vislumbra como algo posible, vale la pena imaginarlo para hacer el ejercicio y entender qué es lo que deberíamos mirar frente a un contenido. Imaginar un etiquetado en las noticias sería como incorporar información que lleve a los consumidores a entender qué están consumiendo.

Imaginemos que la etiqueta nos indica índice de confianza, fuente, canal, cuántos y qué sesgos están incluidos,

---

48 Stempeck, M. (2011). *What if we had a nutrition label for the news?* Civic Media MIT en https://civic.mit.edu/index.html%3Fp=1604.html

errores, si el contenido es sensacionalista, si es falso, si es una opinión o presenta hechos, cuál es el contexto, cuál es la metodología de elaboración en base al periodismo ético, cuál es la relevancia, si hay otros contenidos similares, si tiene conjeturas o novedad.

¿Y si imaginamos una etiqueta nutricional para las noticias, como propone este gráfico?

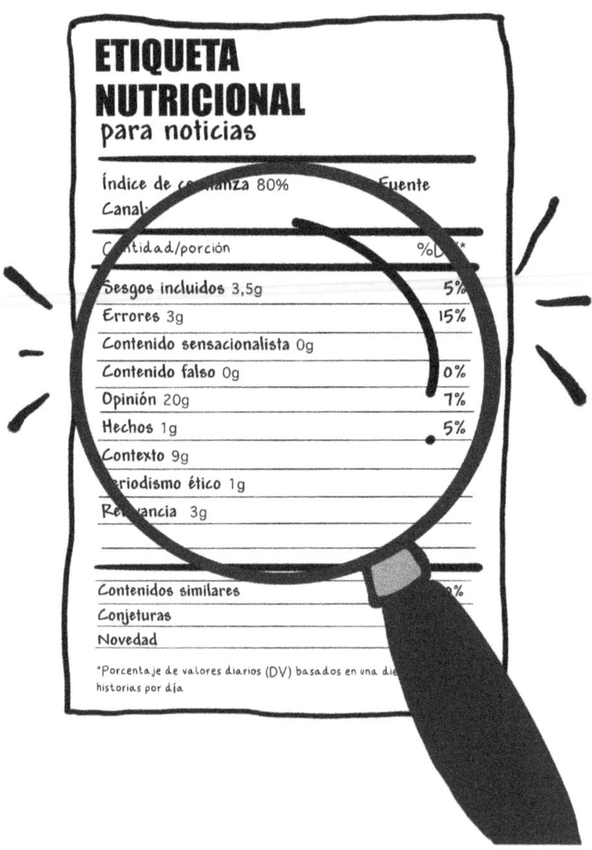

La información, si bien es esencial, también implica un compromiso en la selección de su calidad. Este compromiso es un cambio en nuestra forma de consumo y en nuestra relación con la información. Y como todo cambio de hábito, nos puede resultar difícil de abordar. Sin embargo, es imprescindible para no delegar nuestro pensamiento crítico. ¿Cómo sería en el caso de las noticias? ¿Encontraremos el compromiso necesario para decidir sobre cómo informarnos y no dejar que otros decidan por nosotros? ¿Podremos encontrar formas de llegar a nuestra mente emocional para protegernos y pensar críticamente como ejercicio de libertad? ¿Estaremos dispuestos a ser ciudadanos conscientemente informados? Les aseguro: puede parecer arduo, pero vale la pena comenzar ya mismo.

Actuar ante crisis de incertidumbre

Durante la reciente crisis causada por el Covid-19 aprendimos que, en situaciones especiales como una pandemia, guerra o catástrofe, hay que cuidar aún más nuestro menú informativo. Tenemos que tratar de ser exigentes en cuanto a aquello que consumimos como información, para evitar aumentar la confusión o ser manipulados en base al temor y el desconocimiento.

La pandemia nos enfrentó a una gran crisis de incertidumbre. Vimos cómo los usuarios de Internet compartían *memes*, videos o fotos burlándose de la crisis, incluso sin ninguna intención dañina. Nos dimos cuenta de que hasta nosotros mismos fuimos parte del juego de la desinformación y difundimos inconscientemente información errónea. Vimos cómo se puede alimentar el pánico y la confusión en la población rápidamente solo con contenidos falsos bien estructurados. También pudimos sentir la desconfianza generalizada y fuimos más vulnerables ante la manipulación y el ciberdelito. A la crisis sanitaria y económica se le sumó todo este panorama que para muchos de nosotros resultó casi aterrador.

¿Qué lecciones extrajimos? ¿Qué podemos hacer en un contexto así? Si bien muchas de las acciones que se requieren para poder ofrecer una respuesta abarcativa necesitan del involucramiento de todos los sectores de la sociedad, del sector público y del sector privado, hay varias cosas que podemos hacer a título individual. Aquí algunas sugerencias:

- **Contrarrestar la desinformación.** Buscar información de **verificadores de hechos** o *fact-checkers* y de fuentes oficiales. Existen un sinfín de *fact-checkers*.[49] En general son organizaciones sin fines de lucro que buscan detectar las noticias falsas, especialmente las que mayor impacto están teniendo en la sociedad en un momento determinado. Esta es una gran opción que tenemos que considerar, porque suelen publicar aquello que es falso luego de hacer un análisis sobre los contenidos bajo sospecha. ¡Ojo! También vale la pena considerar que hasta estas organizaciones reciben financiamiento de algún lado, y que por ende puede que estén condicionadas al momento de elegir cuál contenido verificar y cuál no. También existen listas de sitios que publican información poco fiable o incluso falsa. Por otro lado, es igualmente importante considerar las fuentes oficiales de los organismos que regulan o lideran un tema específico. Pero como siempre, explorar, explorar y explorar.
  En el contexto de la guerra en Ucrania, surgió un dato curioso que muestra la complejidad que ha ad-

---

49 Los verificadores de hechos o información adquirieron popularidad con el establecimiento del sitio web sin fines de lucro FactCheck.org en 2003, seguido por PolitiFact de *St. Petersburg Times* y The Fact Checker del *Washington Post* en 2007. En Argentina, el principal referente es Chequeado.com, creado en 2010.

quirido este tema. En Rusia comenzaron a aparecer sitios web que dicen ser *fact-checkers* y verificar contenido sobre la guerra, pero que en la práctica lo que hacen es desmentir información sobre el accionar ruso en Ucrania –por lo general de medios occidentales– que en realidad es cierta. Es decir que hoy existen también falsos verificadores de hechos.

- **Reducir la propagación.** Como dijimos antes, cuanto más sospechoso el contenido, mayor es el impulso que tendremos de reenviarlo y de visualizarlo. Esto ocurre porque dicho contenido cuenta con las características esenciales para relacionarse con nuestro sistema de pensamiento automático y nuestra emocionalidad. Por eso es un impulso que no podemos frenar. Pero ¿qué sucede si nos ponemos como regla básica no reenviar ningún contenido o noticia si desconocemos su veracidad, fuente legítima e intencionalidad? ¿Qué tal si dejamos de reenviar, salvo que sea algo probadamente real y veraz? Seguramente habremos disminuido la confusión y evitaremos que las noticias falsas logren su cometido de viralizarse y confundir.

- **No dejar información falsa en las redes.** Si sabemos que algo no es correcto, debemos pedir amablemente a quien lo compartió o publicó que lo elimine.

- **Protegernos.** Una de las formas de hacerlo es mantenernos críticos cuando nos sentimos abrumados por el volumen inabordable de información de miles de fuentes que nos desafían a cada instante. Reducir la publicidad en la medida de lo posible. Esto, como dijimos antes, lo logramos con suscripciones de pago, que por lo general son sumamente económicas y es una inversión que vale la pena en términos de calidad de la información.

Poder informarnos conscientemente significa tomar control de un aspecto fundamental de nuestras vidas que hace a cómo pensamos. La libertad de pensamiento se ve seriamente dañada si no controlamos cómo nos informamos, aunque creamos lo contrario. Es por ello que la alfabetización informativa será cada vez más necesaria para poder funcionar como individuos libres en el mundo actual.

Desinformación
NOS MANIPULA
VS.
Información
NOS EMPODERA
¿Están presentes los VALORES del PERIODISMO ÉTICO?
SÍ.
Equidad e imparcialidad
Humanidad
Responsabilidad
Verdad y precisión
Independencia
¿Qué SESGOS pueden haber influido?
Explorar Explorar Explorar
CAPÍTULO 8
Alfabetización informativa: cómo elegir el menú informativo?
¿Para qué lo dice?
¿Qué dice?
¿Quién lo dice?
¿Qué tipo de consumidor soy?
Consumidor radicalizado
Consumidor informado incidentalmente
Consumidor informado conscientemente
RESUMEN VISUAL
DIETAS INFORMATIVAS
CANALES
FUENTES
CONTENIDO
¿Pensamos racionalmente qué información consumimos?
MENÚ INFORMATIVO
ALCANCE GEOGRÁFICO
CONTENIDO EQUILIBRADO
AFÍN
NO AFÍN

Realidad virtual, el metaverso y la percepción

Una tecnología que está adquiriendo cada vez más presencia en nuestras vidas, tanto en nuestros hogares como en entornos laborales y educativos, es la llamada *realidad virtual*. Esta consiste en la inmersión sensorial en un espacio con objetos que parece real, pero que en verdad está generado virtualmente. Estos espacios de la realidad virtual se llaman *metaversos*. Según se define en Wikipedia,

> Los metaversos son entornos donde los humanos interactúan e intercambian experiencias virtuales mediante el uso de avatares[50], a través de un soporte lógico en un ciberespacio, el cual actúa como una metáfora del mundo real, pero sin tener necesariamente sus limitaciones.[51]

Sin duda, es el nuevo sueño digital.

---

50 Avatar: elemento gráfico que identifica a un usuario en una red social y que está definido por el propio usuario.
51 Metaverso. En Wikipedia. https://es.wikipedia.org/wiki/Metaverso

El metaverso, entonces, es un mundo virtual, al que nos conectamos a través de dispositivos o lentes especiales –que son prácticamente computadoras– que nos hacen sentir una experiencia inmersiva, casi real, llevándonos a sentir que estamos en un espacio imaginario interactuando con todos los elementos que ofrece.

En 2021, el creador de Facebook, Mark Zuckerberg, cambió el nombre de Facebook por Meta dando un nuevo giro a su red social, y prometió que en unos 5 a 10 años podríamos "hacer casi todo" en el metaverso: tocar objetos, hacer deportes, entrenar, participar de eventos que se están realizando en vivo, disfrutar de fiestas y reuniones, visitar a amigos, recorrer paisajes y ciudades, entre otras tantas cosas inimaginables actualmente. Nuestro acceso al metaverso principalmente dependerá de que los actuales lentes o dispositivos de realidad virtual sean más accesibles, más livianos y, en consecuencia, se popularicen. Los lentes aún tienen mucho por evolucionar para lograr un formato que pueda estar al alcance de todos. Sin embargo, prometen seguir evolucionando y muy rápido. Seguramente alguien todavía recuerde el primer celular, allá por los años '90, al que llamábamos el "ladrillo" por su tamaño y peso. Quedó muy lejos de los celulares actuales, portátiles, livianos y diminutos, que entran en nuestros bolsillos fácilmente y además están llenos de aplicaciones y funcionalidades.

El segundo aspecto que ayudará a evolucionar para que el metaverso sea más popular es la infraestructura del 5G[52]. Desde los '80, las redes móviles han ido mejorando a lo largo de los años. El 5G viene a ofrecer velocidades de conexión hasta 20 veces más rápidas que la generación anterior 4G y nuevas capacidades técnicas. Para que el metaverso evolucione, las redes de 5G tienen que estar mucho más extendidas

---

52 5G: quinta generación de tecnologías de telefonía móvil.

de lo que están hoy en día, y para eso, hace falta más infraestructura.

Sin embargo, todo esto, como sabemos, llegará. No nos detengamos a pensar en cuánto tiempo ni exactamente cómo. La pregunta que propongo hacernos es ¿qué impacto tendrá el metaverso en nuestras mentes? ¿Qué pasará con nuestro pensamiento? ¿Podremos diferenciar entre realidad y realidad virtual?

En mi empresa he tenido la oportunidad de experimentar en primera persona el sentido y potencial que ofrece la realidad virtual. Las oportunidades son inmensas. Por ejemplo, la calidad de la experiencia laboral puede mejorar enormemente. Sin embargo, la realidad virtual también trae importantes desafíos respecto del ejercicio del pensamiento crítico. La primera vez que hicimos una reunión virtual con el equipo regional, todo me resultó muy extraño, cada uno con su avatar, en algunos casos cuidadosamente diseñados, intentando que se parecieran lo más posible a cada uno de nosotros, y en otros buscando que tuviera aquello que en la vida real no tenemos o añoramos tener. *"Me puse mucho pelo, algo que siempre soñé tener y no pude"*, comentó uno de los participantes de la primera reunión. Como el avatar mueve los labios siguiendo lo que cada uno habla y se pueden identificar fácilmente las voces de las personas, en aquella primera reunión muchos terminamos sintiendo que estábamos todos juntos en ese mismo espacio participando de la conversación. El colmo llegó cuando, luego de una hora de compartir información y discutir temas, uno de los participantes pidió que bajáramos la temperatura del aire acondicionado porque tenía mucho frío. Un error de percepción que, obviamente, advirtió de inmediato. Bajar la temperatura era algo que solo él podía hacer porque se comunicaba con nosotros desde su casa y, sin embargo, por un instante él pensó que estaba compartiendo físicamente una oficina con el resto de los participantes.

La mente humana se maneja mediante percepciones. La experiencia en el mundo virtual está basada en su totalidad en percepciones: uno percibe que está en una sala con una o más personas, y por su voz y el movimiento de sus labios, llega un momento en el que siente que realmente está junto a esa persona compartiendo un mismo espacio, por más de que en realidad se trate de un avatar y el espacio sea uno virtual y no físico. Esto claramente plantea un enorme desafío en términos de nuestra alfabetización digital e informativa y requiere que trabajemos cada vez más nuestra capacidad para entender el límite entre lo que es real y lo que percibimos como real. Se trata sin lugar a dudas de un mundo nuevo para explorar con consciencia de su potencial, pero también de sus riesgos. Algunos de estos riesgos o efectos secundarios varían según las personas. Por ejemplo, los juegos inmersivos en algunas personas pueden provocar depresión, aislamiento, comportamiento solitario e incluso llevar a la violencia, mientras que en otras personas pueden no tener ninguno de estos efectos.

Hoy no existen leyes ni jurisdicción legal en el metaverso, ya que no hay límites físicos ni fronteras. Es algo que ya se está debatiendo y buscando cómo resolver. Para Shoshana Zuboff

> la realidad virtual solo es un mapa, no un territorio. Excluye mesas de trabajo, despachos, a otras personas (...) la meteorología, los árboles, los paseos, los encuentros fortuitos y, en general, la riqueza infinita del universo.[53]

El hecho es que cada vez que uso los lentes de realidad virtual que me permiten experimentar un poco más de lo que ofrece el metaverso, observo con sorpresa que hay nuevos contenidos producidos para estos espacios, nuevos

---

53 Zuboff, S. (2018). *La era del capitalismo de la vigilancia: La lucha por un futuro humano frente a las nuevas fronteras del poder.* Ciudad Autónoma de Buenos Aires: Editorial Paidós. Pág. 272.

juegos inmersivos y otros espacios digitales y que están disponibles en plataformas conocidas como Netflix o YouTube VR. El crecimiento sorprende. Como ocurre con todo lo que funciona, el metaverso evoluciona rápidamente.

Pero, ¿hacia dónde evoluciona la realidad virtual? El potencial es enorme y nos lleva a reflexionar. Según las empresas tecnológicas más importantes, los lentes podrían ofrecer una experiencia inmersiva más completa. Al sonido, la sensación espacial y al video 360° que ofrece una panorámica en todas las direcciones al mismo tiempo, se les sumarán la humedad del ambiente y los olores. Para ello se contará con sensores que llevaremos incorporados por ejemplo en nuestra vestimenta o lo que algunos llaman nuestra *piel inteligente*. Esta piel inteligente, además de enviar información sobre lo que sentimos y nuestras respuestas a los diferentes estímulos, nos podrá transmitir sensaciones directamente por contacto. Quiero detenerme en esta idea que realmente me fascina y que abrirá consigo una enorme oportunidad de desarrollo y negocios. En 2017, se anunció la llegada de una nueva generación de *wearables* –en español, tecnología vestible que llevamos en nuestros cuerpos, como, por ejemplo, los lentes que se usan en los videojuegos– armados con más sensores y algoritmos más inteligentes, con los cuales se podría acceder al contexto ambiental, a los olores y estado de nuestras emociones. Se están desarrollando tejidos aptos para la conexión a Internet e incluso Google ha informado que pretende introducir hilos inductivos en todas las prendas y tejidos de la tierra. El líder del proyecto de Google, Ivan Poupyrev, explica:

> Si podemos tejer el sensor en la tela como un material más nos alejamos ya de la electrónica. Estamos haciendo que los materiales básicos del mundo sean interactivos.[54]

---

54 *CE Magazine, Ed. 31*, 24 de noviembre de 2015. Nota: "Un Futuro donde todo es inteligente", por Pablo Pérez De Angelis. Página 34.

Estas telas están pensadas en un principio para recibir estímulos que se convierten en información sobre nuestro contexto y sensaciones, pero en el futuro, cuando se haya aprendido sobre los mismos, también podrán interactuar con nosotros para hacernos sentir sensaciones y estímulos externos. Imaginemos que entramos en realidad virtual para hacer un paseo por Venecia, algo que ya podemos hacer en YouTube VR –la versión de YouTube que te permite encontrar y ver videos en 360° y contenido de realidad virtual– con un guía que nos acompaña y nos hace sentir que caminamos a su lado mientras nos explica dónde estamos y todo lo que tenemos que saber. Podemos girar en 360° y sentir que estamos en Venecia, hasta sufrir el vértigo de altura o la sensación fuerte de un paisaje. Pero, por ahora, hasta ahí llega el efecto. ¿Qué nos va a pasar cuando, vestidos con una prenda inteligente, podamos recibir la sensación ambiental, temperatura y humedad y hasta incluso los olores? La percepción en ese caso será casi perfecta. ¿Podremos notar la diferencia? Con todo lo que implica este cambio en las estructuras, instituciones y lo que a nosotros nos atañe individualmente, que es nuestro pensamiento y elecciones, ¿la realidad virtual y la presencial serán percibidas como una sola realidad? ¿Acaso dejaremos de diferenciarlas? ¿Queremos hacerlo?

**Primera reunión regional de GlobalNews Group
en realidad virtual. Marzo de 2022.**

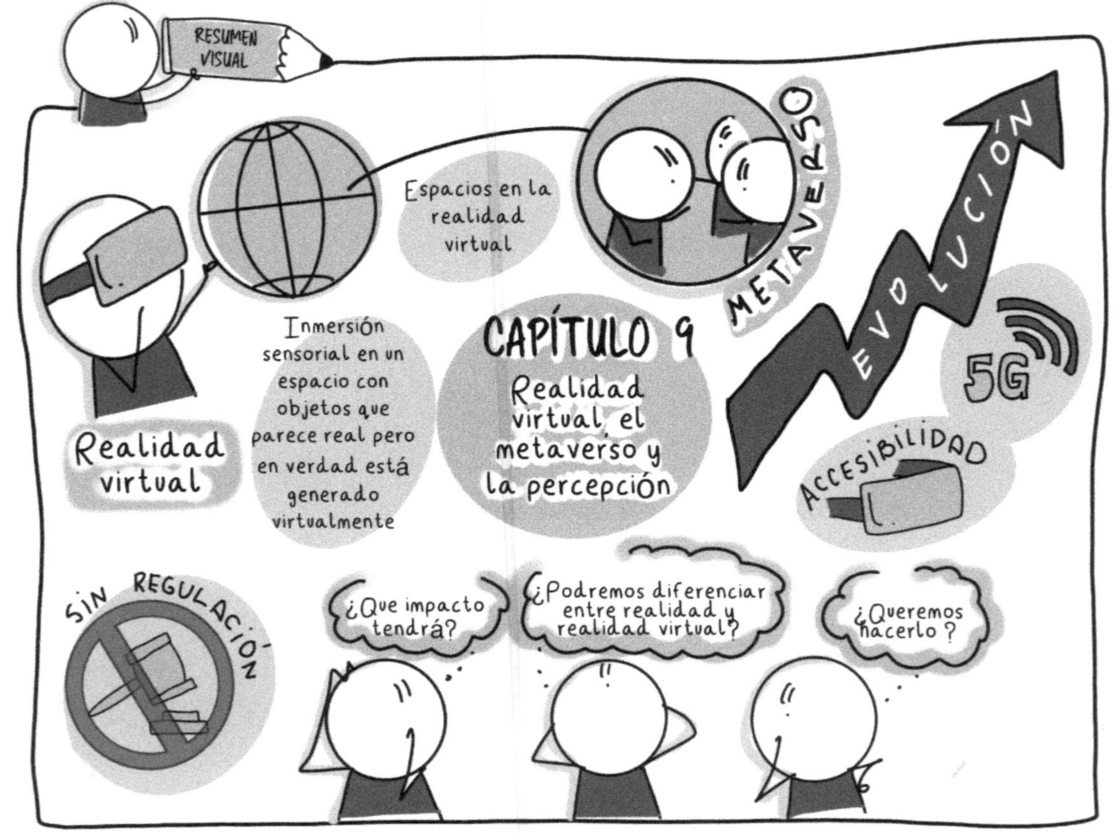

RESUMEN VISUAL
Espacios en la realidad virtual
METAVERSO
EVOLUCIÓN
Inmersión sensorial en un espacio con objetos que parece real pero en verdad está generado virtualmente
CAPÍTULO 9
Realidad virtual, el metaverso y la percepción
5G
Realidad virtual
ACCESIBILIDAD
SIN REGULACIÓN
¿Que impacto tendrá?
¿Podremos diferenciar entre realidad y realidad virtual?
¿Queremos hacerlo?

Dilemas éticos e implicancias para la convivencia democrática

La tecnología hoy nos ofrece un potencial sin límites de crear y evolucionar, pero a la vez, nos despierta grandes dilemas éticos, vinculados con la privacidad, el control, la manipulación, la asimetría de conocimiento, la libertad de expresión, la verdad, el individualismo, la propiedad, la seguridad, el acceso al conocimiento y el poder. En breve, las bases que sustentan nuestras sociedades democráticas. Los dilemas que plantea la utilización de las tecnologías emergentes no son del todo nuevos. Por ejemplo, el derecho a la privacidad es un derecho que existe hace cientos de años. Sin embargo, las nuevas tecnologías implican riesgos de dimensiones mucho mayores, desdibujan los límites preestablecidos y les añaden nuevas complejidades a antiguos dilemas.

En *La era del capitalismo de la vigilancia*, Zuboff comienza su libro recordando una pregunta que le hicieron en 1981:

> ¿Terminaremos todos trabajando para una máquina inteligente, o la máquina funcionará con personas inteligentes alrededor?[55]

Cuarenta y un años más tarde, muchos nos seguimos haciendo la misma pregunta. ¿Lograrán los avances tecnológicos superar la inteligencia humana? O más aún, en el futuro, ¿estaremos gobernados por máquinas inteligentes?

La era digital supone el desarrollo de herramientas que superan por mucho la capacidad de entendimiento de cualquier ser humano, al menos en términos del alcance y velocidad para almacenar y procesar infinidad de datos disponibles a fin de obtener resultados y conclusiones. Sin embargo, los avances tecnológicos, los algoritmos y la Inteligencia Artificial aún están muy lejos de ofrecer una alternativa real al liderazgo humano, por ejemplo, en términos de implementación del sentido común, de conocimiento, y de toma de decisiones.

En su libro, Zuboff advierte sobre la posibilidad de avanzar hacia un escenario que podría ser definido como de falso bienestar. Para ello, introduce el concepto de la colmena, como metáfora de una vida en la que nadie se corre de un argumento preestablecido. En esta analogía, la abeja reina, alma de la colmena, sería la tecnología; las abejas obreras –encargadas de que todo funcione– serían los usuarios; y los zánganos o abejas macho –que tienen que fecundar a la reina para mantener la vida en la colmena– serían las aplicaciones y herramientas que nos retienen en el espacio digital obteniendo así la información necesaria de nosotros para poder entretenernos y predecir nuestra conducta. Para Zuboff,

---

55 Zuboff, S. (2018). *La era del capitalismo de la vigilancia: La lucha por un futuro humano frente a las nuevas fronteras del poder*. Ciudad Autónoma de Buenos Aires: Editorial Paidós. Pág. 15.

Los miembros más jóvenes de nuestras sociedades experimentan ya muchas de esas destructivas dinámicas por culpa de su apego a las redes sociales, el primer experimento global de la colmena humana. (...) Solo nosotros, "el pueblo", podemos invertir el sentido de este proceso, primero, poniendo nombre a aquello que carece de precedentes, y luego, movilizando nuevas formas de acción colaborativa que generen la crucial fricción que reafirme la primacía de un futuro humano floreciente como meta fundamental de nuestra civilización internacional.[56]

Las tecnologías no son buenas o malas en sí mismas; tampoco son neutrales, en el sentido de que, como vimos con anterioridad, vienen cargadas de sesgos e influidas por los marcos de pensamiento de quienes las desarrollaron. El uso que hacemos de ellas es lo que determina la diferencia. **Somos nosotros, en definitiva, los que decidimos cómo usarlas, los valores que queremos cuidar y el fin de lo que hacemos**. Debemos ver a las tecnologías como instrumentos, herramientas puestas al servicio del ser humano para cumplir objetivos cada vez más poderosos e inimaginables. Que estas sean una amenaza o una oportunidad para el futuro de la humanidad, también depende de nosotros, los usuarios, los ciudadanos comunes. Ahora bien, con las características de extracción de datos y predicción de los sistemas actuales, lo que deberíamos debatir es dónde queremos estar: ¿En el rol de usuario que acata, que reacciona como se predijo que iba a hacerlo? ¿En la colmena sin movernos del rol asignado? ¿O en un rol más activo, pensante, inteligente y libre?

No creo que hoy lo podamos tener todo tan claro. Lo que sí sabemos es que, como sugiere el neurólogo, psiquiatra y filósofo austríaco Viktor Frankl en libros como *Logoterapia y existencialismo* y *El hombre en busca de sentido*, hay un

---

56 *Op. cit.* Pág. 38.

espacio entre el estímulo y la respuesta. En ese espacio reside nuestro poder para elegir la respuesta. Y es en cada respuesta donde utilizamos nuestra libertad y nuestra capacidad para crecer como personas. Propongo detenernos en ese espacio para repasar algunos dilemas y las nuevas formas que estos adquieren en el mundo digital. Lejos de ofrecer respuestas, este capítulo abre preguntas que creo que todos deberíamos hacernos y plantea algunos interrogantes sobre temas fundamentales que quizás no sean parte de nuestro día a día, pero que, si dejaran de estar presentes lo notaríamos.

Individualismo y narcisismo

En *The Game*, Alessandro Baricco define a la vida digital como

> la grandiosa incubadora de un individualismo de masas que nunca habíamos conocido. (...) Se produce a menudo el triste fenómeno del individualismo sin identidad. Es decir, personas que, por ejemplo, pueden manejar brillantemente sus propias opiniones sin tenerlas, emitir juicios autorizados sin contar con la suficiente competencia, o tomar decisiones cruciales para su vida sin tener un conocimiento pasable de su propia vida. Es como si la capacidad técnica hubiera sobrepasado abundantemente a la sustancia de las cosas. Es como si las herramientas digitales hubieran acabado poniendo motores potentísimos dentro de carrocerías no lo bastante sólidas como para tolerarlos, probarlos, utilizarlos de verdad.[57]

Si bien pareciera que estamos más conectados que nunca, lo que tenemos son múltiples escenarios donde desplegar nuestra imagen y mostrarnos, pero lo hacemos casi como si estuviéramos mirándonos en el espejo más que

---

57 Baricco, A. (2018). *The Game.* Barcelona: Anagrama. Páginas 219 y 220.

para escuchar o empatizar con otros. Como consecuencia de ello, tenemos más individualismo y un narcisismo encubierto en lo que parecería ser la mayor de las instancias de conexión con los otros en la historia de la humanidad. Si miro mi Facebook –hoy Meta– veo que tengo más de 4000 amigos. ¿Es esto posible o lógico? ¿Conozco a todas esas personas que hacen parte del público que observa lo que hago, pienso y publico? ¿Es tan importante tener tantos amigos o seguidores? ¿Cuánto tiempo podría dedicarles a todos? Seguramente, hay muchas más preguntas que irán surgiendo. Cuando miro cuántos *likes* o *me gusta* recibo por el contenido que publico, ¿qué siento? ¿A qué responde ese sentimiento, qué es lo que alimenta? ¿Podremos lidiar en nuestros disfraces de seres súper sociales con tantos estímulos, sin que ello exacerbe nuestro individualismo o alimente nuestro narcisismo?

Si lo pensamos, el individualismo, en definitiva, se trata de ir en soledad, en una dirección diferente a los otros. ¿Podemos andar todos así? ¿Cómo se vería ese camino? Las redes sociales y las formas de comunicarnos en la vida digital ayudan al avance de este individualismo disfrazado de un nuevo modelo de **ser súper social**.

Este individualismo en avance también podría verse exacerbado en la relación o vínculo que establezcamos con las máquinas inteligentes, llevándonos a un **aislamiento disfrazado de relacionamiento o empatía**. Ya hay diferentes películas como *El hombre bicentenario, Her, Matrix, Inteligencia Artificial,* por mencionar algunas, en las que se imagina y recrea esa extraña relación que se podría establecer entre las máquinas –en sus diferentes formas como los robots o asistentes virtuales– y los humanos. Es muy amplio todo lo que podemos imaginar como posible en este tipo de vínculos, así como también la complejidad de sus consecuencias que dependen, además del contexto, de las características emocionales y psíquicas de cada individuo.

En un cuento que escribí en 2020, *Modelo Humano para Armar*, imagino a una mujer sola que ha perdido a su pareja y que encuentra en la posibilidad de crear su propio robot la opción de hacerlo a imagen de aquella pareja, tal cual lo recuerda, pero incluso mejorándolo en aquello que no le gustaba. Finalmente, cuando llega el modelo solicitado a medida, advierte que hasta la ropa de su pareja le entra y, sorprendida, ve a su creación superar a su recuerdo, como le hubiera gustado que fuera. Es entonces que el robot le habla con la misma voz que recuerda de él y la sorprende con una pregunta: "¿Y ahora qué hacemos?". Luego de dudar un rato, ella le responde: "Vivir como antes o pensar que lo hacemos". Deberíamos preguntarnos ¿cómo deberemos llamar a este vínculo? ¿Es acaso un narcisismo disfrazado? ¿Podemos fijar los límites reales entre mi yo, mi universo y el otro? ¿O vemos al mundo como una proyección de nosotros mismos y nuestros deseos? Una proyección que las tecnologías digitales nos ayudarían, en teoría, a materializar.

Hay muchas más preguntas que deberemos plantearnos en este aspecto que es, en definitiva, clave para entender el alcance de nuestra individualidad.

Libertad de expresión

Es difícil no acordar que la libertad de expresión es uno de los derechos humanos fundamentales que están en la base de una vida democrática saludable. ¿Cómo no pretender defender la posibilidad de expresar nuestras opiniones con libertad y sin temor a represalias? Ante la expansión de Internet, las redes sociales y todo tipo de plataformas digitales, muchos creemos que, más allá de las diferencias culturales, hoy tenemos mayor libertad de expresión que en el pasado. Sin embargo, yo sería un poco más escéptica. Vamos a analizarlo mejor.

Lo primero es el límite de la libertad de expresión, pensar dónde se encuentra. En *Libertad de palabra*, el periodista y escritor inglés Timothy Garton Ash trata a fondo la cuestión y sostiene que

La libertad de expresión jamás ha significado expresión sin límites –es decir, que cada uno deje salir lo que le venga a la mente, logorrea global–, se impone discutir dónde deberían estar los límites a la libertad de expresión y de información en áreas tan relevantes como la intimidad, la religión, la seguridad nacional y los modos de referirnos a las diferencias humanas.[58]

En otras palabras, garantizar la libertad de expresión no significa que todos podamos decir lo que queremos, cuando queremos y del modo en que queremos. A veces, bajo el pretexto de la libertad de expresión, en realidad podríamos estar atentando contra ella.

Asimismo, en relación con el hecho de hablar sin pensar bajo la idea de cierto ejercicio de la libertad, Garton Ash sostiene:

Que se tenga derecho a decir algo, no significa que esté bien decirlo. Un derecho a ofender no implica un deber de ofender. Esta cuestión va más allá del autocontrol voluntario: comprende también la exploración activa de oportunidades. ¿Qué modos sociales, periodísticos, educativos o artísticos, entre otros, hay de que la libertad de expresión resulte fructífera, permitiendo una provocación creativa sin destrozar vidas ni sociedades? ¿Cómo podemos tratarnos los unos a los otros como adultos, explorando y salvando nuestras diferencias con la ayuda de este don definitorio de lo humano que es la palabra?[59]

---

58 Garton Ash, T. (2017). *Libertad de palabra. Diez principios para un mundo conectado*. Barcelona, Tusquets. Pág. 20.

59 *Op. cit.* Pág. 120.

Como toda libertad, la libertad de expresión tiene sus límites allí en donde se choca con otros derechos también fundamentales, como la dignidad, la privacidad y la integridad. Porque, como dice la recordada frase del filósofo Jean Paul Sartre, nuestra libertad se termina allí en donde empieza la de los demás. Y hoy en día, en este mundo hiperconectado en el que vivimos, las instancias en las que las libertades de uno y otro, así como los derechos de uno y otro, pueden entrar en conflicto y contradicción, se han multiplicado exponencialmente.

Otro límite claro está en el llamado ***hate speech*** o **discurso de odio** y la violencia de palabra. Obviamente, existen contextos culturales diferentes, y cada país aborda estas cuestiones de manera distinta, con sus propias regulaciones, derechos y obligaciones. El problema es que en el espacio digital las fronteras se desdibujan –ni hablar de los espacios completamente virtuales como el metaverso–, planteando nuevos desafíos y añadiendo nuevas instancias de complejidad a la cuestión. En síntesis, es importante reflexionar sobre qué implica la libertad de expresión en la era digital para poder resguardar este derecho tan fundamental sin que se convierta en un pretexto para infligir daño.

Los invito, entonces, a replantearnos: ¿Tenemos hoy en día esa libertad de expresión que soñaron los padres fundadores de la democracia? ¿Qué podemos hacer para mejorarla? ¿Entendemos los límites reales, cuándo termina mi libertad y cuándo comienza la del otro? ¿Cuidamos esta libertad como el verdadero derecho fundamental que es?

¿Democracia amenazada?

Si hablamos de intolerancia, individualismo, radicalización y dificultades para entender el verdadero alcance de la libertad de expresión, no podemos dejar de pensar en las implicancias que esto tendrá en el funcionamiento de la vida democrática.

La idea de la **democracia amenazada** parece estar presente en el pensamiento de todos aquellos que analizan la vida en el mundo digital. Con múltiples y diversas perspectivas y preocupaciones, distintos autores observan un panorama democrático de gran vulnerabilidad, que por lo demás, está en constante evolución (y esa evolución no parecería estar yendo en una buena dirección).

Como ya comentamos anteriormente, Byung-Chul Han cuestiona el futuro de las democracias al sostener que existe la posibilidad de que devengan en **infocracias**. Con este concepto, se refiere a un tipo de régimen en el que el procesamiento de la información mediante algoritmos se encuentra por encima de todas las instituciones económicas, políticas y sociales que están en la base de nuestras vidas democráticas.

Desde otra perspectiva, Zuboff advierte con preocupación sobre el ansia de las grandes empresas digitales por predecir y controlar nuestro comportamiento como nueva forma de explotación económica a nivel global y sin control estatal o social, y sugiere:

> Si queremos renovar la democracia en las próximas décadas, necesitamos un sentimiento de indignación, una sensación de pérdida de lo que nos están quitando (…) Lo que aquí está en juego es la experiencia interior con la cual conformamos nuestra voluntad de querer y los espacios públicos en los que actuar de acuerdo con esa voluntad.[60]

Por su parte Pariser, en *El filtro burbuja,* expresa:

> La democracia solo funciona si nosotros, en cuanto ciudadanos, somos capaces de pensar más allá de nuestro limitado interés personal. Pero para ello necesitamos tener

---

60 *Op. cit.* Pág. 595.

una opinión generalizada del mundo en el que vivimos. Hemos de entrar en contacto con las vidas, necesidades y deseos de otras personas. La burbuja de filtro nos empuja en la dirección contraria: crea la impresión de que nuestro limitado interés personal es todo cuanto existe.[61]

En el libro *El ocaso de la democracia,* la periodista e historiadora estadounidense Anne Applebaum se preocupa por la dificultad de diálogo, la radicalización y las tentaciones autoritarias que observa en el mundo occidental. El autoritarismo, sostiene,

> es algo que atrae simplemente a las personas que no toleran la complejidad[62].

Para ejemplificar esto, la periodista recuerda un evento social que realizó para recibir el año 2000 con una gran cantidad de amigos y conocidos en Polonia, donde vive junto a su marido y lamenta el hecho de que hoy prácticamente no haya más contacto entre ninguno de ellos, debido a las diferencias ideológicas que han polarizado a la sociedad polaca. Polarización social que ha dado lugar al surgimiento del autoritarismo. Applebaum se pregunta:

> ¿Es que algunos de nuestros amigos siempre han sido autoritarios encubiertos? ¿O las personas con las que brindamos en los primeros minutos del nuevo milenio han cambiado de alguna manera en las dos décadas que siguieron?[63]

Según ella, si bien no existe una respuesta única, cuando cierta cantidad de condiciones necesarias están dadas,

---

61 Pariser, E. (2017). *El filtro burbuja: Cómo la web decide lo que leemos y lo que pensamos.* Barcelona: Taurus. Pág. 164.

62 Applebaum, A. (2021). *El ocaso de la democracia: la seducción del autoritarismo.* Madrid: Debate. Pág. 24.

63 *Op. cit.* Pág. 22.

las sociedades se mueven hacia el autoritarismo. Vale la pena preguntarnos cuánto de lo que sucede en el mundo digital está en la base de estas condiciones y qué podemos hacer para frenarlas.

Cass R. Sunstein, abogado y escritor norteamericano dedicado al estudio de la economía conductual, se focaliza en nuestro poder de selección y el aumento del egocentrismo. Según él, la democracia depende de las experiencias compartidas y la necesidad de que los ciudadanos se enfrenten a temas e ideas que muchas veces no les gustan o no esperaban. De lo contrario, estaríamos escuchando el eco de nuestra propia voz.

Durante la pandemia, todas las empresas que pudimos hacerlo, tuvimos que trabajar en forma remota desde nuestros hogares. Fue una experiencia interesante a la que pronto nos adaptamos, y más allá de que todo funcionó bien y de que hubiéramos podido seguir funcionando de igual manera, con el tiempo advertimos que algo se había perdido con la falta de la experiencia compartida. Esta forma de experiencia permite que cuando hay un error en un equipo o se descubre algo nuevo, se comparte inmediata y naturalmente, lo cual da lugar al aprendizaje conjunto. Seguramente, tengamos que encontrar nuevas formas de lograr este tipo de experiencia en el mundo digital. Lo mismo ocurre con la democracia: tendremos que encontrar nuevas formas de lograr espacios de aprendizaje compartido, de debate, de intercambio de ideas y de respeto por el otro.

La vida democrática requiere de nuestra participación. Como dijimos previamente, la democracia se basa en el diálogo, la tolerancia, la inclusión, el respeto, la comprensión de los límites y en el entendimiento mutuo. ¿Estamos dispuestos a repensar cómo estamos funcionando, y qué es lo que está afectando estas bases y llevándonos a lugares no deseados?

Control y vigilancia

Persuadir es mejor que forzar, nos dice Esopo en sus *Fábulas*.[64]

Esto es así porque cuando se nos persuade creemos que decidimos por nosotros mismos, que nuestras elecciones son libres, aunque esto sea una falacia en sí misma. Hoy nos sentimos más libres que nunca, pero en realidad estamos siendo entretenidos, y así, persuadidos, controlados y vigilados.

Varios autores manifiestan su preocupación por este régimen de vigilancia y control al que estamos siendo sometidos, no solo sin darnos cuenta de su existencia, sino, por el contrario, sintiéndonos cada vez más libres. Constantemente se acumulan datos sobre nosotros sin límite alguno, sin que tengamos conocimiento alguno sobre su destino real, su protección, su "dueño" final, y por sobre todas las cosas, sobre su uso para moldear nuestro propio comportamiento. ¿Somos conscientes de que estamos siendo persuadidos, de que muchas veces entregamos nuestra información con total desconocimiento y en realidad estamos dando poder sobre nuestro accionar? ¿Creemos en la protección y propiedad de nuestra propia información? ¿Estamos dispuestos a cuidarlo?

Ignorancia y desconocimiento

¿Estoy informado o tengo información? ¿Son ambas cosas lo mismo? ¿Tengo conocimiento de lo que ocurre, para qué y cómo se usan los datos que genero con mi actividad digital?

El desconocimiento y la ignorancia nos traen nuevas realidades. Por un lado, está el desconocimiento vinculado a la información que no vemos, que está oculta para noso-

---

64 *Aesop's Fables: A collection of 284 moral stories*. (2016). General Press. Pág. 22.

tros porque no coincide con aquello que nos gusta y nos da placer, y entonces es mejor que no nos llegue. Pero este desconocimiento, paradójicamente, viene disfrazado de un alcance sin límites. Pensamos que hemos accedido a todo el conocimiento posible y a partir de allí elegimos. Es aquí que debemos entender claramente el funcionamiento de los sesgos cognitivos y, además, de los sistemas de filtrado y segmentación.

Por otro lado, está nuestra ignorancia frente al uso de nuestra información por parte de los sistemas a los que se las entregamos para poder funcionar en el mundo digital. En *Pasión por la ignorancia*, Renata Salecl sostiene:

> Lo que se ignora no es tanto cómo se obtienen los datos, sino cómo se usan. Los negocios de las empresas que los explotan, los mecanismos a través de los cuales se los busca y procesa, y el funcionamiento de los algoritmos en cuestión nos resultan tan ajenos y opacos que la mayoría no podemos imaginarnos qué utilidad tendrán nuestros datos ni cómo se los podrá manipular. Esta opacidad, estos secretos contribuyen a crear una ignorancia estratégica: aquellos que están en el poder se benefician si la mayor parte de la gente no está enterada de lo que sucede.[65]

En tiempos de creciente complejidad y abundancia informativa, los invito, por un lado, a reflexionar sobre el valor de estar bien informados, aun cuando esto implique salir de nuestra zona de confort; y por el otro, a exigir saber qué se hace con la información que generamos a partir de nuestro comportamiento, de modo tal de evitar que dicha información se utilice para modelar nuestras próximas conductas.

---

65 Salecl, Renata. (2022). *Pasión por la ignorancia*. Ciudad Autónoma de Buenos Aires: Ediciones Godot. Pág. 186.

El derecho a nuestro futuro

Todo esto nos lleva a pensar sobre el derecho a nuestro futuro. Para Zuboff, estamos ante

> un momento de la historia en el que un elemental derecho al tiempo futuro corre peligro de desaparecer en manos de una arquitectura digital 'pan invasiva' de modificación conductual manejada por el capital de la vigilancia, que es también su propietario: una arquitectura que actúa así impelida por los imperativos económicos y las leyes del movimiento de ese capital y todo en aras de los resultados garantizados que este aspira a conseguir.[66]

¿Quién define cómo decido? ¿Quién predice mi comportamiento? ¿Soy realmente dueña o dueño de mi futuro? ¿Decido en base al conocimiento y la información adecuada? Podríamos seguir preguntando y cuesta creer en nuestro futuro como un derecho vulnerado. También puede agotarnos el solo hecho de imaginarlo.

Hace poco, una gran amiga, pensante crítica y analítica en extremo, me dijo preocupada mientras conversábamos sobre el tema: "¿Por qué tenemos que llevar nosotros toda esta mochila? ¿Por qué tiene que recaer en los ciudadanos comunes toda esta titánica tarea de pensar, investigar, cuestionar y volver a pensar y revisar nuestras ideas?". En parte, tiene razón. Pero por suerte, no estamos solos. Las instituciones democráticas que supimos construir, aún vulneradas, siguen vivas y están a tiempo de desarrollar las políticas y marcos adecuados para preservar nuestros derechos. Ahora bien, en la base misma de esas instituciones estamos nosotros, los ciudadanos. Somos nosotros los que tenemos que

---

66 Zuboff, S. (2018). *La era del capitalismo de la vigilancia: La lucha por un futuro humano frente a las nuevas fronteras del poder.* Ciudad Autónoma de Buenos Aires: Paidós. Pág. 447.

saber en qué fuentes confiar y cómo informarnos, así como entender la importancia del desafío ante el que estamos. Sugiero que más que preguntar por qué, nos preguntemos para qué, a fin de darle sentido a algo que entiendo que no es simple y que implica esfuerzo, y es aquello que nos define realmente como seres humanos libres y autónomos en nuestras decisiones. Dueños de nuestras acciones, de nuestro pensamiento, comportamiento y construcción de futuro. Dueños también de nuestra voz, pero no para escuchar su eco, sino para generar el diálogo, una forma de comunicación que nos empodere, nos haga libres, sea agente de cambio y mejora, y nos permita hacer impacto en nuestro entorno.

Vale la pena, se lo aseguro.

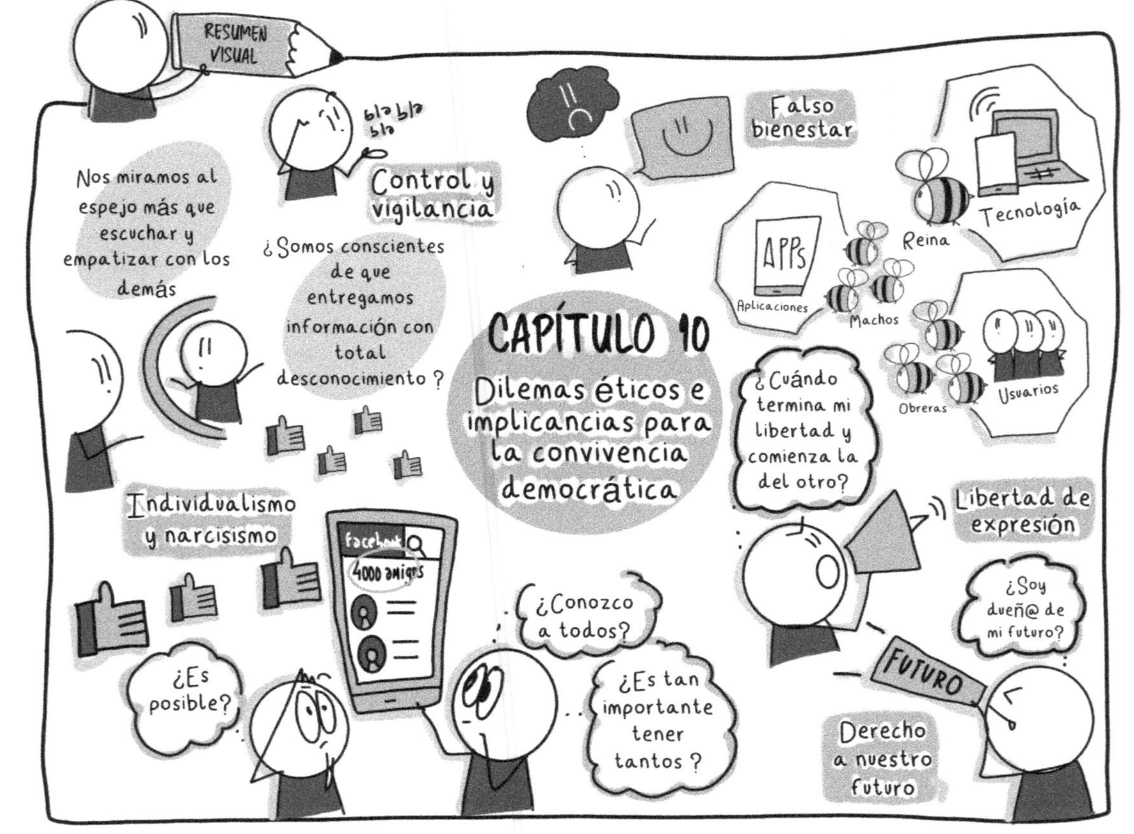

RESUMEN VISUAL
bla bla bla
Control y vigilancia
Nos miramos al espejo más que escuchar y empatizar con los demás
¿Somos conscientes de que entregamos información con total desconocimiento?
Falso bienestar
Tecnología
APPs
Aplicaciones
Reina
Machos
Obreras
Usuarios
CAPÍTULO 10
Dilemas éticos e implicancias para la convivencia democrática
¿Cuándo termina mi libertad y comienza la del otro?
Libertad de expresión
Individualismo y narcisismo
facebook
4000 amigos
¿Conozco a todos?
¿Soy dueñ@ de mi futuro?
¿Es posible?
¿Es tan importante tener tantos?
FUTURO
Derecho a nuestro futuro

Conclusión: estrategias frente a un escenario incierto y cambiante

Las grandes transformaciones culturales ocurren porque se derriban barreras que modifican los contextos y los escenarios. Cuando esto sucede, lo que se requiere son nuevas reglas de juego acordes a las nuevas realidades y desafíos. Con Internet y el avance de las tecnologías emergentes –Inteligencia Artificial, blockchain, robotización, Big Data, realidad virtual– son tantas las barreras derribadas que muchas veces nos resulta difícil entender el alcance del cambio. No solo se han modificado las condiciones externas, que muchas veces son fáciles de detectar, sino que también se ha visto y se ve afectado nuestro comportamiento sin que seamos del todo conscientes de ello, ya que estas tecnologías tienen, por primera vez en la historia, la capacidad de conocer al individuo más que lo que él mismo se conoce.

Ante esta nueva realidad, surge la necesidad de un ciudadano consciente, dotado de nuevas capacidades y habilidades que le permitan entender las profundas transformaciones que ha atravesado el ecosistema de la información y cómo estas inciden en las bases mismas de nuestras democracias. A lo largo de este libro, he intentado compartir mi visión sobre por qué esto resulta tan importante y proveer algunas herramientas para desarrollar nuestra inteligencia informativa y digital.

En primer lugar, hemos visto cómo la transformación digital ha atravesado el universo informativo y supuesto un enorme desafío de adaptación para los medios de comunicación tradicionales. Algunos han sabido adaptarse, otros no, y muchos otros nuevos han surgido. Las redes sociales, que supusieron una forma innovadora de democratización de la información –tanto a nivel del consumo como de la generación de contenidos–, también introdujeron un nuevo modelo de negocios basado en la extracción de datos del usuario que no tardó en mostrar sus peligros en términos de privacidad y manipulación. Las nuevas tecnologías llevaron a que dentro de un mismo ecosistema informativo hoy convivan, lado a lado, contenidos periodísticos de calidad junto a noticias falsas o ultra falsas, contenidos patrocinados y propaganda. Si bien las noticias falsas y los distintos tipos de desinformación no son un desafío del todo nuevo para la humanidad, actualmente su propagación se ve favorecida por las capacidades técnicas, pero también por un contexto global de crisis e incertidumbre en el que los seres humanos tendemos a buscar certezas y respuestas fáciles.

También hemos buscado entender la importancia de los sesgos cognitivos en el mundo informativo, y cómo estos son utilizados al momento de desarrollar los algoritmos que intentarán mantenernos el mayor tiempo posible en pantalla. Si comenzamos a prestar mayor atención a los sesgos que atraviesan los contenidos informativos que consumimos –tanto en la creación de esos contenidos como en el modo en que nosotros los incorporamos–, seremos mucho más conscientes de nuestros propios sesgos a la hora de pensar, opinar y actuar. Esto supondrá una mayor apertura mental a otras personas y maneras de ver el mundo. Nos permitirá, también, cuestionarnos más a menudo nuestras propias certezas, lo cual quizás sea una de las mejores armas contra las teorías conspirativas.

En el capítulo sobre burbujas informativas y cajas de resonancia, presentamos estos dos conceptos que están en la base del funcionamiento del ecosistema informativo actual e intentamos explicar cómo pueden conducir a sociedades más polarizadas e intolerantes. En las redes sociales, la información que nos hace sentir cómodos, aquella que viene a reforzar nuestras creencias, prejuicios y expectativas, nos es presentada casi en bandeja; mientras que a la información que nos incomoda y nos obliga a cuestionarnos nuestras ideas y convicciones hay que buscarla y esforzarse para encontrarla. ¿Por qué? Porque, como vimos, a las empresas tecnológicas les sirve que nos quedemos en la pantalla el mayor tiempo posible, y para eso, tenemos que estar confortables, no confusos o molestos. Frente al avance de la infocracia y el dataísmo, tenemos que hacernos cada vez más preguntas sobre la información que se nos presenta como dada. ¿Sobre qué base se sustenta dicha información?

A partir del Capítulo 7 abordamos los posibles caminos, formas y estrategias para desarrollar nuestra Inteligencia Digital (ID). Dentro de las siete habilidades que conforman nuestra ID, hay una a la que le prestamos particular atención: la alfabetización informativa. Trabajar sobre nuestra alfabetización digital e informativa puede resultarnos un poco engorroso al principio, pero si comprendemos que se trata de incorporar las herramientas y plantearnos las preguntas básicas que nos permitirán convertirnos en ciudadanos conscientemente informados, el proceso cobra sentido y, con el tiempo, se convierte en algo casi automático. Como vimos, una gran parte de nuestra alfabetización informativa se basa en el enriquecimiento de nuestro pensamiento crítico, de nuestra capacidad para cuestionar y cuestionarnos, para permitirnos cambiar de opinión y dejarnos sorprender. Para ello, conformar un menú informativo balanceado, que incluya medios afines y no afines, resulta fundamental.

También nos hemos detenido en la realidad virtual y las promesas del metaverso, como una de las tecnologías que más ha avanzado en los últimos años y que plantea profundos interrogantes y desafíos en términos de los límites entre el mundo analógico y el digital, de nuestra percepción y de nuestra capacidad de diferenciar entre lo real y lo virtual. Finalmente, hemos presentado algunos de los dilemas que plantea el mundo digital y que desafían nuestros sistemas de convivencia democrática, tales como el control, la asimetría del conocimiento, la libertad de expresión, el individualismo y narcisismo, y el autoritarismo. Sin duda, tenemos que reflexionar sobre ellos y replantearnos ciertos conceptos en la medida en que estos adquieren nuevas formas en la era digital, y estar atentos a los desafíos que traen a los sistemas democráticos sobre los cuales basamos nuestra convivencia social.

Las tecnologías van a seguir evolucionando rápida y exponencialmente, pero ello no implica que las estrategias que aquí compartimos queden desactualizadas. Con pensamiento crítico, un menú informativo balanceado, una ciudadanía conscientemente informada e instituciones que regulen adecuadamente las nuevas tecnologías y a las compañías que las desarrollan, seguramente estaremos yendo por buen camino. De estos cuatro elementos, solo los primeros dos dependen efectivamente de cada uno de nosotros, de vos y de mí. Es un verdadero desafío que debemos entender para poder llevar adelante y ser realmente libres en nuestras decisiones y ayudar a los otros a que también puedan serlo si es lo que desean. Son tiempos de cambio permanente y esto nos lleva a tener que prepararnos y evolucionar adecuadamente. Propongo, entonces, que empecemos ya mismo con lo que está a nuestro alcance. Cultivar nuestra inteligencia digital e informativa nos empodera frente a un mundo incierto y cambiante. El camino es largo y está en constante construcción, pero nunca es tarde para seguir aprendiendo y formándonos. La meta, lo aseguro, vale más que cualquier esfuerzo que pueda requerir empezar ya mismo.

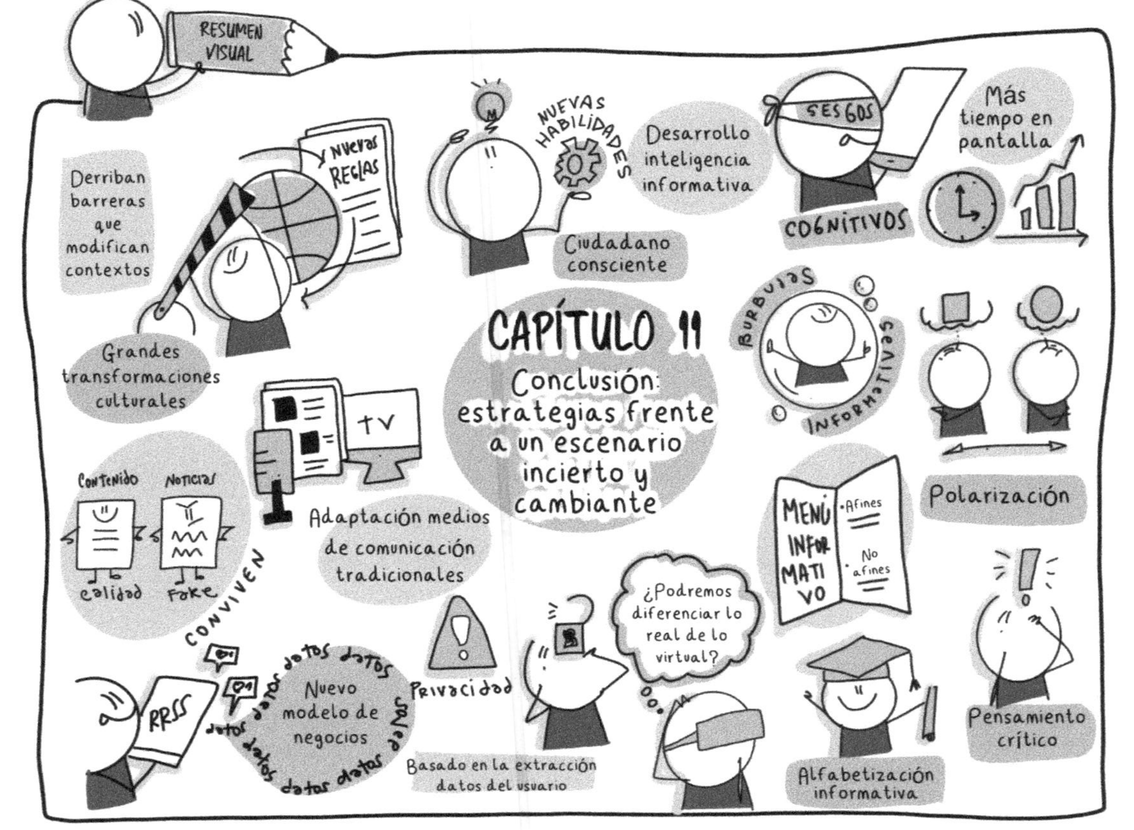
RESUMEN VISUAL
Derriban barreras que modifican contextos
y Nuevas Reglas
NUEVAS HABILIDADES
Desarrollo inteligencia informativa
SESGOS
Más tiempo en pantalla
COGNITIVOS
Ciudadano consciente
Grandes transformaciones culturales
CAPÍTULO 11
Conclusión: estrategias frente a un escenario incierto y cambiante
BURBUJAS INFORMATIVAS
Contenido
Noticias
TV
calidad
Fake
CONVIVEN
Adaptación medios de comunicación tradicionales
MENÚ INFORMATIVO
Afines
No afines
Polarización
¿Podremos diferenciar lo real de lo virtual?
RRSS
datos datos datos
Nuevo modelo de negocios
Privacidad
Basado en la extracción datos del usuario
Alfabetización informativa
Pensamiento crítico

Bibliografía

Andersen, K. (2017). *Fantasyland: How America went haywire: A 500-year history*. Random House.

Applebaum, A. (2021). *El ocaso de la democracia: la seducción del autoritarismo*. Madrid: Debate.

Baricco, A. (2018). *The Game*. Barcelona: Anagrama.

Boczkowski, P., Mitchelstein, E. (2022). *El Entorno Digital*. Siglo XXI editores.

Bravo Regidor, C. (2022). *Una entrevista con Daniel Innerarity: lidiar con el desconocimiento*. Gatopardo. https://gatopardo.com/noticias-actuales/daniel-innerarity-entrevista/

Covey, S. R., & Merrill, R. R. (2006). *The speed of trust: The one thing that changes everything*. Simon and Schuster.

Choudary, S. P., Parker, G. G., & Van Alstyne, M. (2015). *Platform scale: How an emerging business model helps startups build large empires with minimum investment*. Platform Thinking Labs.

Eddie, K., Newman, N., Fletcher, R., Robertson, C. T., Nielsen, R. K. (2022). *Digital News Report 2022*. Oxford: Reuters Institute for the Study of Journalism. https://reutersinstitute.politics.ox.ac.uk/digital-news-report/2022

Garton Ash, T. (2017). *Libertad de palabra. Diez principios para un mundo conectado*. Barcelona: Tusquets.

Godoy, O., Combalía, Z., Rodríguez, J. J. F., Moreno, B. G., Ibáñez, A. G.-V., del Mar Martín García, M., Agustí, M. P., Roca, M. J., & Moreno, S. S. (2020). *Libertad y seguridad en un contexto global: Re-*

tos y desafíos para los sistemas de garantía de los Derechos fundamentales (O. Godoy, Ed.; 1st ed.). Dykinson, S.L. https://doi.org/10.2307/j.ctv153k4cz

Foucault, M. (1982). *Las palabras y las cosas: una arqueología de las ciencias humanas.* Siglo XXI.

Han, B.-C. (2017). *La agonía del Eros.* Herder Editorial.

Han, B.-C. (2018). *Hiperculturalidad.* Herder Editorial.

Han, B.-C. (2021). *No-Cosas.* Taurus.

Han, B.-C. (2022). *Infocracia: La digitalización y la crisis de la democracia.* Barcelona: Taurus.

Harari, Y. N. (2018). *21 lecciones para el siglo XXI.* Debate.

Johnson, C. A. (2015). *The information diet: A case for conscious consumption.* Sebastopol, CA: O'Reilly Media, Inc.

Kahneman, D. (2012). *Pensar rápido, pensar despacio.* Barcelona: Debate.

Kahneman, D., Sibony, O. y Sunstain, C. (2021). *Ruido, un fallo en el juicio humano.* Debate.

Klein, E. (2021). *Por qué estamos polarizados.* Capitán Swing Libros.

Labatut, B. (2021). *La piedra de la locura.* Editorial Anagrama.

Matute, H. (2019). *Nuestra mente nos engaña. Sesgos y errores cognitivos que todos cometemos.* Shackleton Books.

Mill, J. S. (2017). *Sobre la libertad* (Vol. 285). Ediciones Akal.

Mir, A. (2020). *Postjournalism and the death of newspapers. The media after Trump: manufacturing anger and polarization.* Publicado de forma independiente (2020).

Miroshnichenko, A. *Human as media. The emancipation of authorship.* Publicado de forma independiente (29 de septiembre de 2020).

Montell, A. (2022). *Cultos, el lenguaje del fanatismo.* Buenos Aires: Ediciones Urano.

Nogués, G. (2018). *Pensar con Otros: Una guía de supervivencia en tiempos de posverdad.* Buenos Aires: El Gato y la Caja.

Pariser, E. (2017). *El filtro burbuja: Cómo la web decide lo que leemos y lo que pensamos.* Barcelona: Penguin Random House.

Pinker, S. (2021). *Racionalidad: Qué es, por qué escasea y cómo promoverla.* Paidós.

Salecl, R. (2021). *El placer de la transgresión.* Ediciones Godot.

Salecl, R. (2022). *Pasión por la ignorancia.* Ciudad Autónoma de Buenos Aires: Ediciones Godot.

Schaarschmidt, T. (2017). "La era de la posverdad". *Mente y cerebro* (87), 22-28.

Stempeck, M. (2011). *What if we had a nutrition label for the news?* Civic Media MIT en https://civic.mit.edu/index.html%3Fp=1604.html

Sunstein, C. R. (2011). *Rumorología: Cómo se difunden las falsedades, por qué las creemos y qué hacer contra ellas.* Debate.

Sztajnszrajber, D. (2019). *Filosofía a martillazos.* Paidós.

Véliz, C. (2020). *Privacy is power.* Random House Australia.

Wardle, C. (2020). Understanding Information disorder. *First Draft* en https://firstdraftnews.org/long-form-article/understanding-information-disorder/

White, A. (2017). *Fake News: It's Not Bad Journalism, it's the Business of Digital Communications.* Ethical Journalism Network. https://ethicaljournalismnetwork.org/fake-news-bad-journalism-digital-age

Zuboff, S. (2018). *La era del capitalismo de la vigilancia: La lucha por un futuro humano frente a las nuevas fronteras del poder.* Ciudad Autónoma de Buenos Aires: Paidós.

Otros materiales consultados

Bill Gates. [Flemming Sveen] (2018). Information at your fingertips, en https://www.youtube.com/watch?v=7fJW MsgxzvA

Fragmento del documental de Pino Solanas "Perón, Actualización política y doctrinaria para la toma del poder". https://www.youtube.com/watch?v=PYFVeXEvxQY

Metaverso. En *Wikipedia.* https://es.wikipedia.org/wiki/Metaverso

Rojas Estapé, M. *Cómo educar a nuestros hijos para que nuestros hijos sean más felices,* Parte 5. https://vm.tiktok.com/ZMFRQHr9s/

Yurkova, O. (2018). *La lucha subyacente contra el imperio ruso de noticias falsas* [Video]. Conferencias TED en https://www.ted.com/talks/olga_yurkova_inside_the_fight_against_russia_s_fake_news_empire?language=es